年収300万円家庭でもできる！

わが子を東大に入れる本

はじめに

　最近、私がもっとも気になり、そしていろいろな意味で私を不安にさせていることに、さまざまな「格差の拡大」があります。

　まず筆頭にあげられるのは、「成果主義」という名のもとに、「できる人間には高額の報酬を与えないとやる気を出さないし、できない人間は減給やリストラで脅さないとまじめに働かない」という考え方が強まっていることです。

　また「自己責任」という考え方のもとに、「リストラに遭うのは、勉強してこなかったりまじめに働かなかったせいなので、会社や社会は本人を助ける必要はない。悪いのは本人なのだ」という風潮も出てきました。

　これらの流れによって年間３万人以上の自殺者が出ても（これは97年までと比べる

と１万人も多い数です）、政府もマスコミもまったく対処しようとしません。

さらに税制についても、お金持ちへの地方税と合わせた最高税率はこの20年間に43％（93％→50％）も下がってきたし、相続税の最高税率も下がったのに、一方では消費税のアップがささやかれ、さらに配偶者特別控除が廃止されて専業主婦のいる家庭はすべて増税になり、低所得者層の課税最低限も引き下げられる予定です。

つまり、貧富の差がどんどん広がっているのです。

それなのに、マスコミはほとんどそれを問題にしないし、貧乏な人も、「それが世の中の流れだから仕方がない」とすっかりあきらめ、ストライキもやりません。本来ならこのような流れに反対すべき政党は、今や風前の灯火のような状態になっています。

こういった傾向はこれからさらに、どんどん広がっていくのでしょう。

エコノミストの森永卓郎さんは、「日本人は１人の勝ち組と99人の負け組に分かれ、勝ち組の平均年収は１億円を超えるのに、負け組は年収３００万円になる時代がくる」と予想しています。私もそうなるだろうと実は考えています。

ＷＥＦ（＝Ｗｏｒｌｄ　Ｅｃｏｎｏｍｉｃ　Ｆｏｒｕｍ：世界経済協議会）が行っ

た2003年度の国際競争ランキングでは、1位はフィンランド、3位はスウェーデン、4位はデンマークと、上位に名前があがったのは、福祉がしっかりしていて、中流階級が維持されている国ばかりでした（2位はアメリカ、日本は11位）。

福祉がぐらつき、中流階級が姿を消した今の日本の未来は、決して明るいものではありません。けれど、この流れが変わりようがない以上は、わが子を勝ち組に入れないと大変なことになるのは確かですし、子どもがもし勝ち組に入れれば、昔以上にいい暮らしが期待できそうなのも確かです。

勝ち組に入るのに最も簡単な方法は、子どもを東大に入れることです。

「今の時代は東大卒だってリストラされるし、会社がつぶれることもある」「官僚の力も落ちているし、これからは学歴じゃない」などと思う人もいるでしょうが、もしそう信じているとすれば、あなたは「情報格差の負け組」になっているのです。

現実的に考えれば、この不景気の中で、就職のときに最も有利なのはやはり東大卒ですし、リストラされても真っ先に雇われるのは東大卒です。

また大学を出た後、ビジネススクール（経営学を学ぶアメリカの大学院）などに留学して外資系のエリートになれるのも東大卒が多いし、ベンチャーの勝ち組も意外に東大卒が多いのです。

司法試験や公務員試験でも、東大卒が圧勝しているのが現実です。

大学受験に関しても、都会と地方とで、どんどん情報格差が広がっています。東大卒業後の人間を間近に見ている東京の学校の生徒は東大を目指すのに、ラ・サールや灘高校や東海高等学校のように、東京以外の地方の名門校の学生たちは医学部を目指すようになっています。

その結果、灘高は東大合格者数で開成に大きく水をあけられましたし、ラ・サールは2004年には東大合格者数のベスト10からはずれました。

私は自分自身、医者ですし、一橋大学で医療経済を教えてもいるのでわかるのですが、これからの日本の財政を考えると、医者の将来はとても「ばら色」には思えません。

「とにかく医者に」と考える子どもや親は急増していますが、「本当にそれでいいのかな?」と首をかしげてしまいます。

「イメージ」ではなく現実を直視すれば、あらゆる場面で東大卒がますます優遇されていることは明らかです。

東大卒が身近にいたり、あるいは親が東大卒であるほど、子どもを6年一貫校にやり、東大を目指す傾向が強いことからも、「東大はおいしい」ということが裏付けられるのではないでしょうか。

「今は東大卒でも危ないので医者にでもしよう（なろう）」という地方と、「これからますます東大が有利になる」と考える東京では、大きな情報格差があるのです。

親の側の情報格差も、地方と都会とでは大きな開きがあります。

２００２年から新たなゆとり教育が始まり、学習指導要領が最低限の内容になったにもかかわらず、地方ではいまだに指導要領通りの授業しかしないのが当たり前のようになっています。それに疑問を抱く親も、多くはありません。

それに対して都会では、「最低限より上は何を教えてもいいのだから、入試もそれに対応してレベルが高くなるはず（実際、東大の佐々木毅総長は、「指導要領を超えた出題をする」と明言しています）」と考え、意識の高い親は子どもが小学校低学年のうちから塾にやり、受験勉強をさせて6年一貫校に進学させています。

このように大きな格差が開きつつある今の時代、「子どもが勝ち組になるか負け組になるか」はとても重要な問題です。年月とともに大きな開きができてしまうし、さらにその子どもの代には、逆転が困難になっていることでしょう。

私はこのような情報格差や学力格差に対抗すべく、親のための情報メールマガジン『学力向上！　親の会』（http://www.oyanokai.jp/）をつくりましたし、大学受験生には志望校に受かるための受験計画作成代行サービスの通信教育『緑鐵《りょくてつ》受験指導ゼミナール』を主宰してもいます。

そうやってさまざまな情報を発信しているのですが、中でも特にみなさんに知ってほしいこと、ふだんは言えない本音の情報を惜しみなく盛り込んだのが本書です。

すべての子どもは賢くなるために教育を受ける権利がありますし、幸せな人生を送る権利があります。

「勉強を通じて、世の中を勝ち抜ける術を身につけてほしい」

これが、私の切なる希望です。

和田秀樹

目次

エピローグ

スタッフ
装丁　山田道弘
構成・まとめ　木本久美子
イラスト　中川原透
撮影　池田敏夫
ＤＴＰ制作　水間寛子（主婦の友社制作室）
デスク　林幸子（主婦の友社）

プロローグ

今の「ゆとり教育」では、子どもは幸せになれません

「お金をたくさん稼げる能力」が必要

ごくまれな例外を除き、世の中のほぼすべての親は、「楽しく豊かな人生が送れますように」と、わが子の幸せを望みます。

この本を手にとっているあなたもその一人かもしれません。

「将来、住むところや食べるもの、着るものなどに不自由せず、才能を思う存分発揮して、満ち足りた人生を送ってほしい」と。

では、楽しく豊かで幸せな人生を送るためには、何が必要でしょうか？

お金です。もちろん「それがすべて」とは言いませんが、まずあげられるのがお金なのです。今の世の中では、ある程度以上のお金がなければ、楽しく豊かな生活を送ることができません。

「清く正しく慎ましく」という清貧の思想は、戦中・戦後の古い話。テクノロジーが日々進歩し、情報や物があふれかえる今の時代、「清く」「慎ましく」生きるのは、美徳でも何でもありません。時代にぽつんと取り残されてしまうだけです。

21世紀の今は、お金をたくさん持っている人、正しく言い換えれば「お金をたくさん稼げる能力を持っている人」が幸せになれるしくみになっています。

今、日本はバブル経済の崩壊を機に「中流層」が姿を消し、アメリカと同じように「勝ち組」と「負け組」の階層分化が急速に進んでいることをご存じでしょうか?

あなたのまわりを見渡してみてください。

お金持ちとそうでない人の差が、極端に開き始めていませんか?

私は10年前、アメリカのカンザスに留学していたとき、アメリカの階層分化社会の現実をこの目で見て、大きな衝撃を受けました。

貧しい人々は夫婦共稼ぎをしても年間３万５千ドル（当時のレートで約３５０万円）程度の収入しかなく、子どもをかかえてきびしい生活を余儀なくされていました。

その一方、エグゼクティブと呼ばれる人たちは、中の上クラスの企業でも１００万ドル（約１億円）近くの年収があったのです。

街を歩いているだけでも、階層分化が進んでいることははっきりとわかりました。お金持ちは上質な服や靴を身につけ、身だしなみに気を配り、さっそうと歩くため、たいてい実年齢よりも若く見えます。

自己投資を惜しまない彼らはエステで肌をみがき、スポーツジムで体を鍛え、一流のヘアサロンで髪を整え、ネイルサロンで爪をピカピカにみがくなど、一分のすきもないほど洗練されています。

逆にお金を持っていない人は、身だしなみにお金を使うよりもまず家賃やローンの支払い、水道光熱費、食費など、生活に必要最低限のお金の心配をしなくてはなりませんから、どうしても疲れた印象が漂います。

民間の医療保険が買えないために医療費を払えず、病気になっても医者にかかれないケースもあります。たとえ具合が悪くなっても医者に診てもらえず、痛みを我慢しながらきつい職場に通わなければいけないのです。

生活苦から、犯罪に走るケースも後を絶ちません。

このようにお金のあるなしによって、「ゆとりある暮らしをエンジョイする人生」か、「その日に使うお金を心配しながら生きていく人生」かに分かれるのです。

「これはアメリカだけの話。まさか、日本はそんなことにはならないだろう」と思って帰国したのですが、終身雇用制の崩壊、大企業の倒産やリストラ、年金制度破綻のおそれなど、最近の情勢を見る限り、「これからの日本も間違いなく、アメリカのような階層分化が進んでいく」と確信せざるを得ませんでした。

これからは裕福な「勝ち組」と、お金に困る「負け組」の差がますます大きく開いていくでしょう。「なるようになるさ」とのんびりしている場合ではないのです。

将来、自分の娘や息子が万が一、「負け組」に入ってしまったらどうでしょう?

10代、20代はフリーターとしてアルバイトをしながら食いつなぐことができても、30代、40代になると仕事の選択肢は限られてきます。

途中から企業に就職しようと思っても、日本のビジネス社会はシビアですから、よほどの特技や才能の持ち主でなければ、資格やキャリアのない者は書類選考の時点で真っ先にはねられてしまいます。万が一就職できたとしても、学歴や能力がなければ、真っ先にリストラの対象になるでしょう。

50代、60代に入れば、肉体労働だってきつくなります。年金が当てにできない今、ある程度の貯金がなければ、老後の生活は限りなく不安です。

たとえ子どもが「負け組」に入ったとしても、親が生きているうちはまだ何とかなるかもしれません。でも親がいなくなった後、子どもの人生はどうなるでしょう？

「こんなことになるなら、無理やりにでも、わが子を小さいうちから勝ち組に入れておけばよかった」と後悔しても、そのときは遅いのです。

「子どもが将来幸せになれるかなれないかは、すべて親の育て方にかかっている」と心して、読者のみなさんは気を引き締めてください。

　冒頭からシビアな話をしてしまいましたが、正直な話、これからの日本で「楽しく豊かな人生」を送るには、勝ち組に入ってたくさんお金を稼ぐしかありません。わが子を幸せにしたいなら、「お金を十分に稼げる能力」を今から身につけさせましょう。その能力を育てるには、何より「勉強」が不可欠なのです。

ゆとり教育は、「将来の負け組を増やす政策」

「今までの詰め込み型教育では子どもたちがかわいそう」という名分のもとに文部科学省が推し進めた「ゆとり教育」は、はっきり言うと「愚民化政策」です。

「愚民化」という言葉が悪ければ、「将来の負け組を増やす政策」と言い換えてもいいでしょう。

「ゆとり教育は明らかに子どもの学力低下を招く」と、私は京都大学の西村和雄教授や上野健爾教授、名古屋大学の浪川幸彦教授、慶応大学の戸瀬信之教授らとともに、「『ゆとり教育』の即時中止を求める国民会議、ＮＡＥＥ２００２」を発足させ、実施中止を求める署名運動を行ってきましたが、残念ながら文部科学省の暴走を止められず、２００２年4月から実施されてしまいました。

その結果、授業で教えるカリキュラムが3割削減されると同時に、授業時間が2割も削減されてしまったのです。

たとえば小学校１年生の場合、今まで年間８５０時間だったものが７８２時間（68時間減）に、小学校６年生では１０１５時間が９４５時間（70時間減）に、中学生では１０５０時間が９８０時間（70時間減）へと大幅に減っています。

総授業時間が減ったにもかかわらず、音楽や図画工作、道徳などの授業時間数はそのままです。そのしわ寄せは国語や算数といった、子どもたちが小さいうちに身につけなければいけない大切な教科学習をけずることでまかなわれています。

最も疑問視されているのは「総合的な学習の時間」です。

これは今回の学習指導要領の「改訂の目玉」とされているものですが、小学校で年間１０５～１１０時間、中学校で70～１３０時間も費やされています。

「総合的な学習の時間」とは、「地域や学校、生徒の実態等に応じて、横断的・総合的な学習や、生徒の興味・関心等に基づく学習など、創意工夫を活かした教育活動」と学習指導要領にあります。

文章をそのまま読むだけでは理解しづらいのですが、簡単に言えば、「どの科目にも当てはまらないようなものを教える」ということです。

そのねらいは、「自ら課題を見つけ、自ら学び、自ら考え、主体的に判断し、よりよく問題を解決する資質や能力を育てること」であり、「学び方やものの考え方を身につけ、問題の解決や探求活動に主体的、創造的に取り組む態度を育て、自己のあり方、生き方を考えることができるようにすること」とあります。

たとえば国際理解や環境問題、福祉・健康問題など、生徒の興味や関心に応じて勉強する授業なのですが、文部科学省のほうであらかじめ十分なモデルプランや材料が用意されているならいざ知らず、「自由裁量」を与えられた現場では、相当に混乱しているという声が上がっています。「生徒の大切な時間を、こんなむだなことに使うべきではない」と憤る関係者も少なくありません。

本当にかわいそうなのは、現場であたふたする先生ではなく、貴重な時間を浪費させられている子どもたちです。「ゆとり教育」という悪政の名のもとに、本来なら算数や国語のために使うべき、貴重な時間をけずり取られているのですから。

このままでは子どもたちはバカになる！

授業時間が削減されるということは、教わるカリキュラムも削減されるということです。

たとえば小学校の算数では、４けた以上の足し算や引き算が教科書から消えてしまいました。これでは、１万円札で買い物をしても、おつりの計算が満足にできません。

また小学校の算数では小数第１位までの筆算しか教えませんし、円の面積や円周を計算するとき、円周率は３・１４ではなく、「およそ３」として計算しなければならなくなりました。

図形や対称、合同、比例などの考え方も教科書から削除されたため、子どもたちは「抽象的に物を考える力」を鍛える訓練ができなくなってしまいました。

大幅なカリキュラムの削減が行われたのは、中学校でも同様です。英語の必須単語は１１０語に減り（従来の5分の1）、数学からは二次方程式が消えました。

たとえカリキュラムとして残されたものでも、完全週休2日制による授業時間の短縮によって、教える年次があとまわしにされたものもあります。

実際手に取ってみればわかりますが、今の子どもたちの教科書はスカスカで、親世代から見れば「これで本当に大丈夫なの!?」とびっくりするほどです。

あまりにも上限の低い薄っぺらな内容に、「このままでは子どもたちはバカになる！」と教育関係者をはじめ、良識ある大人たちが次々に抗議や非難の声を上げるようになりました。

その結果、２００４年春から、「小学1年で2けたを含む足し算・引き算を教えてもよい（たとえば12＋3など）」「小学5年で台形の面積を求める公式を教えてもよい（（上底＋下底）×高さ÷2）」「小学3年の理科で幼虫の体のつくりを教えてもよい」「小学校5年の理科で季節による気象の変化を教えてもよい」など、小学校の教科書検定がゆるみ、「ゆとり」から一転して「発展的学習」を教科書に載せてもよいことになりました。「理解の進んだ子には発展的学習を教えてもかまわない」と、文部科学省は世論に押されて方針転換を図ったわけです。

「発展的学習」が教科書に入ったといっても、けずられたカリキュラムの3割分すべてが復活したわけではありません。新たに加えられた「発展的学習」の、教科書全体のページ数に対する割合は、2・8パーセントに過ぎません。しかも、発展的学習は「教えてもよくなった」だけで、必ず教えてもらえる保証はどこにもありません。

「今の指導要領は暫定的なもの。どうせこれからまたすぐに方針が変わり、二転、三転するに違いない」と、多くの識者は見ています。

これは、教わる子どもたちの立場から言わせれば、「文部科学省の壮大な実験」につきあわされているようなもの。

「あのときの実験は失敗でした」と後から訂正されても、奪われた時間は取り戻せません。わが子を「被害者」にしないためにも、親がきちんと自覚して、しっかり勉強させなければなりません。子どもの最後の砦《とりで》は、親なのです。

「発展」の取り組み

平成17年度用「新編 新しい算数」（東京書籍）より、指導要綱を超えている内容を抜粋

1年	15の数の構成を12＋3、15−3の式に表して考える 色板による形づくり 100より多い数の唱え方 10を単位とした、何十±何十の計算（50＋20、60−20など） 数の構成に基づく加減計算（30＋5、35−5など）
2年	何百、何千の加減計算（300＋200、600−200、1000−600など） 数の構成に基づく加減計算（500＋30、530−30など） 数値による計算のしかたの工夫（102−4の計算） 6の段＝4の段＋2の段　7の段＝5の段＋2の段 10以上の数のかけ算について、九九の性質やきまりを活用して構成
3年	10や100を単位にしたわり算の考え方（240÷3など） 計算のしかたの工夫（1000−126の計算のしかた） わり算の筆算（九九1回適用の、あまりのある場合） 数や式の大小を表すしくみ（不等号） 立方体の展開図による面と面の関係
4年	兆よりも大きい数字（大きい数の単位） 正三角形で立体を作ろう！（正多面体作り） 分数のたし算やひき算（分母が10の分数の加減） 大きい数のわり算を考えよう！（除数が2桁の筆算） 数のはんいの表し方（以上、未満、以下）
5年	小数のまほうじんを作ろう！（1/100の位の加減計算） 小数点以下が増えても計算できるかな？ 小数のわり算をきわめよう！（除数が1/100の位以下の除法計算） 身のまわりの多角形（正多角形） 台形の面積の求め方（台形の面積公式）
6年	分数と小数のまざった計算（分数と小数の混合算） わり算をかけ算になおすには……？（逆数） 三角柱の体積の求め方と体積公式 比の値　比を簡単にする（比の簡約） 比を使って問題を解こう！（比例配分の問題）

東大のエントリー資格は小学校でほぼ決まる

「学習指導要領は全員が身につけなければならない最低限の内容で、理解の進んだ子には、発展的なことを教えてもかまわない」と文部科学省は主張しています。

これが何を意味するかというと、「学校はミニマムスタンダード（最低基準）の授業だけは保証するけれど、それ以上のことを学びたいなら、あとはめいめいで勝手にやってください」ということです。

これはいうなれば、年金が生活保護に変わったようなもの。あるいは「同じ税金を払っているにもかかわらず、サービスの量と質が大幅に低下した」と言い換えてもいいでしょう。

ひと昔前なら「学校できちんと授業を受けてさえいれば、とりあえず大丈夫」と考える親も多かったのですが、これからは違います。

子どもの勉強に無自覚でいると、気がついたときには同級生たちから大きく引き離され、追いつくのに非常な努力を要することになるでしょう。内容のまばらな教科書のせいで基礎学力が身につかず、段階的に考える思考力が欠けて「がんばってもがんばっても次のレベルに進めない」という最悪のケースも考えられます。

「先生の当たりはずれ」も大きな問題になっています。

現行の学習指導要領が最低ラインのものであることをきちんと自覚して、生徒に発展的な内容を積極的に教えてくれる先生ならいいのですが、なかにはそうでない先生もいるでしょう。

「指導要領で習うことさえ押さえておけば十分」という先生に当たってしまった子どもの将来は、不幸です。

最近では、「東大のエントリー資格は小学校でほぼ決まる」といわれます。

小学校、中学校で「ゆとりの学習」に甘んじてきた子が、高校に入ってから他のライバルに追いつこうと思っても、まず不可能でしょう。

内申書が、「いい子」を演じるストレスに

私たち親世代が受けた教育は、戦後の流れを受ける「知識習得重視の教育」でした。分厚い教科書を何度も読み直し、クラスのみんなに置いてきぼりにされないよう、予習・復習に励んだ記憶のある人も多いと思います。

この教育は、１９５８年改訂の学習指導要領の流れをくむものです。

当時は太平洋戦争後の混乱期に生じた学力低下の改善が急がれ、その方針は、高度経済成長期を迎えた１９６８年の改訂にも受け継がれました。

知識詰め込み型の教育の裏には、「日本の未来のために子どもたちの学力を上げ、質の高い労働力を養おう」という時代背景があったのです。

ところが国民が総中流化した１９７０年代以降から、高校進学率が90パーセントを超え、「落ちこぼれ」がぽつぽつと目立つようになりました。

「授業内容が過密すぎるのではないか」「子どもたちの負担が大きすぎるのではないか」などの声をきっかけに、１９７７年の改訂から学習指導要領に「ゆとり」が取り入れられ、続く１９８９年の改訂では「ゆとり」と同時に「個性尊重」が加えられることになりました。

　現在の学習指導要領は、その流れを受けるものです。

　その結果、どうなったでしょう？

「落ちこぼれ」の問題はいっこうに解決せず、逆にいじめや校内暴力、不登校など、深刻な社会問題が浮上するようになりました。

「詰め込み学習」で一生懸命勉強してきた親世代より、「ゆとり教育」で「自発的に」勉強しているはずの子どもたちが、陰湿ないじめに悩んだり、すぐにキレたり、学校に行きたがらなくなるのはなぜでしょう？

「詰め込み教育という縛りがなければ、子どもたちはのびのびおおらかに育つはずだ」という文部科学省のもくろみは、みごとにはずれたというほかありません。

いじめの発生学校数・発生件数（公立学校）（平成13年度）

資料：文部科学省調べ　内閣府ホームページより

区分	公立学校総数(校)	発生学校数(校)	発生率(%)	発生件数(件)	1校あたり発生件数(件)
小学校	23,719	2,806	11.8	6,206	0.3
中学校	10,429	4,179	40.1	16,635	1.6
高等学校	4,146	1,050	25.3	2,119	0.5
盲・聾《ろう》・養護学校	936	50	5.3	77	0.1
計	39,230	8,085	20.6	25,037	0.6

（注）発生率＝（発生学校数÷公立学校総数）×100

平成13年度においては、いじめは、小学校においては11.8%、中学校においては40.1%、高等学校においては25.3%、盲・聾・養護学校においては5.3%の学校でみられた。また、全公立小・中・高等学校及び盲・聾・養護学校を通じた１校当たりの発生件数は0.6件となっている。

いじめの発生件数を学年別にみると、小学校から学年が進むにつれて多くなり、中学１年生で最も多くなる。その後は学年が進むにつれて減少している。

平成13年度に発生したいじめのうち、小学校で約87%、中学校で約87%、高等学校で約92%、盲・聾・養護学校では約91%が同年度中に解消している。

平成14年度に警察が取り扱ったいじめに起因する事件の件数は94件、検挙・補導した少年（犯罪少年及び触法少年）は225人で、前年に比べ件数で16件（14.5%）、検挙・補導人員で63人（21.9%）減少した。

いじめの原因・動機

警視庁ホームページより　（構成比%）

		6年	7年	8年	9年	10年	11年	12年	13年	14年	15年	増減ポイント
はらいせ	いい子ぶる・なまいき	20.4	15.0	19.1	25.8	31.6	22.6	22.9	22.9	25.8	16.6	▲9.2
	よく嘘をつく	9.7	5.0	6.2	8.6	7.1	10.2	8.4	9.7	11.1	10.9	▲0.2
	仲間から離れようとする	5.8	10.0	10.5	5.4	9.2	4.4	7.8	14.2	11.6	4.8	▲6.8
	その他	15.5	15.0	14.8	12.9	11.2	18.2	8.0	15.3	7.6	16.6	9.0
面白半分からかい	力が弱い・無抵抗	40.8	44.4	38.9	33.3	24.5	35.8	35.8	20.8	25.8	19.2	▲6.6
	態度動作が鈍い	5.8	3.8	3.7	1.1	5.1	2.9	4.0	6.6	3.6	13.1	9.5
	肉体的欠陥がある	2.9	3.8	0.6	3.2	3.1	0.0	0.0	3.5	4.9	1.7	▲3.2
	非行や規則違反等を知って	2.9	1.9	1.9	1.1	2.0	1.5	2.7	3.5	0.4	2.6	2.2
	すぐに泣く	1.0	0.6	0.6	0.0	1.0	0.7	1.3	0.0	2.7	0.4	▲2.3
	その他	2.9	2.5	4.3	6.5	2.0	1.5	1.8	3.5	1.8	3.5	1.7
その他（交わろうとしない等）		7.8	13.8	7.4	10.8	14.3	10.2	15.8	11.5	8.0	13.5	5.5

（注）複数回答である。

不登校児童生徒数の推移（平成6年～平成13年度間）

資料：文部科学省「学校基本調査」 内閣府ホームページより

指数	小学校			中学校		
	不登校者数(人)	全児童数(人)	比率(%)	不登校者数(人)	全生徒数(人)	比率(%)
平成 6	15,786	8,582,871	0.18	61,663	4,681,166	1.32
平成 7	16,569	8,370,246	0.20	65,022	4,570,390	1.42
平成 8	19,498	8,105,629	0.24	74,853	4,527,400	1.65
平成 9	20,765	7,855,387	0.26	84,701	4,481,480	1.89
平成 10	26,017	7,663,533	0.34	101,675	4,380,604	2.32
平成 11	26,047	7,500,317	0.35	104,180	4,243,762	2.45
平成 12	26,373	7,366,079	0.36	107,913	4,103,717	2.63
平成 13	26,511	7,296,920	0.36	112,211	3,991,911	2.81

（注）①比率は不登校者数の全児童生徒数に対する比率である。②不登校とは、何らかの心理的、情緒的、身体的、あるいは社会的要因・背景により、児童生徒が登校しないあるいはしたくともできない状況にあること（ただし、病気や経済的な理由によるものを除く）をいう。

校内暴力発生学校数・件数

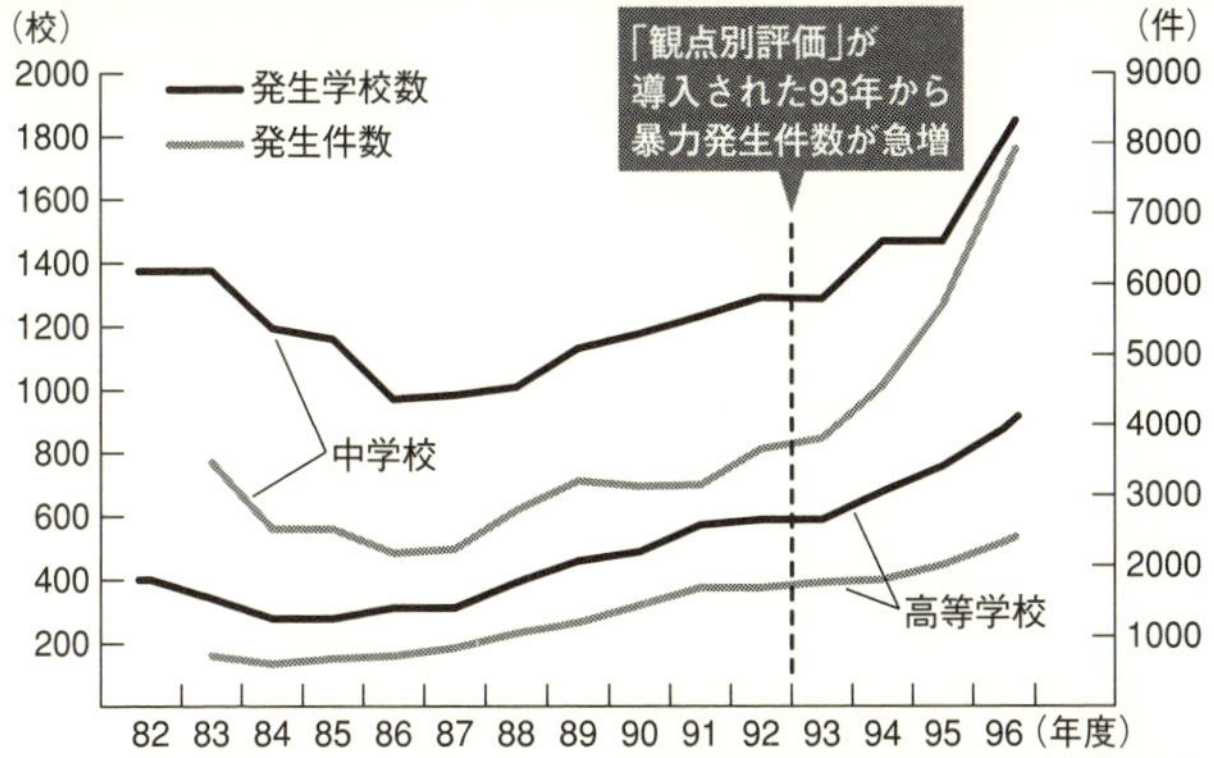

「我が国の文教施策」（平成10年度）より

生徒間暴力発生学校数・件数

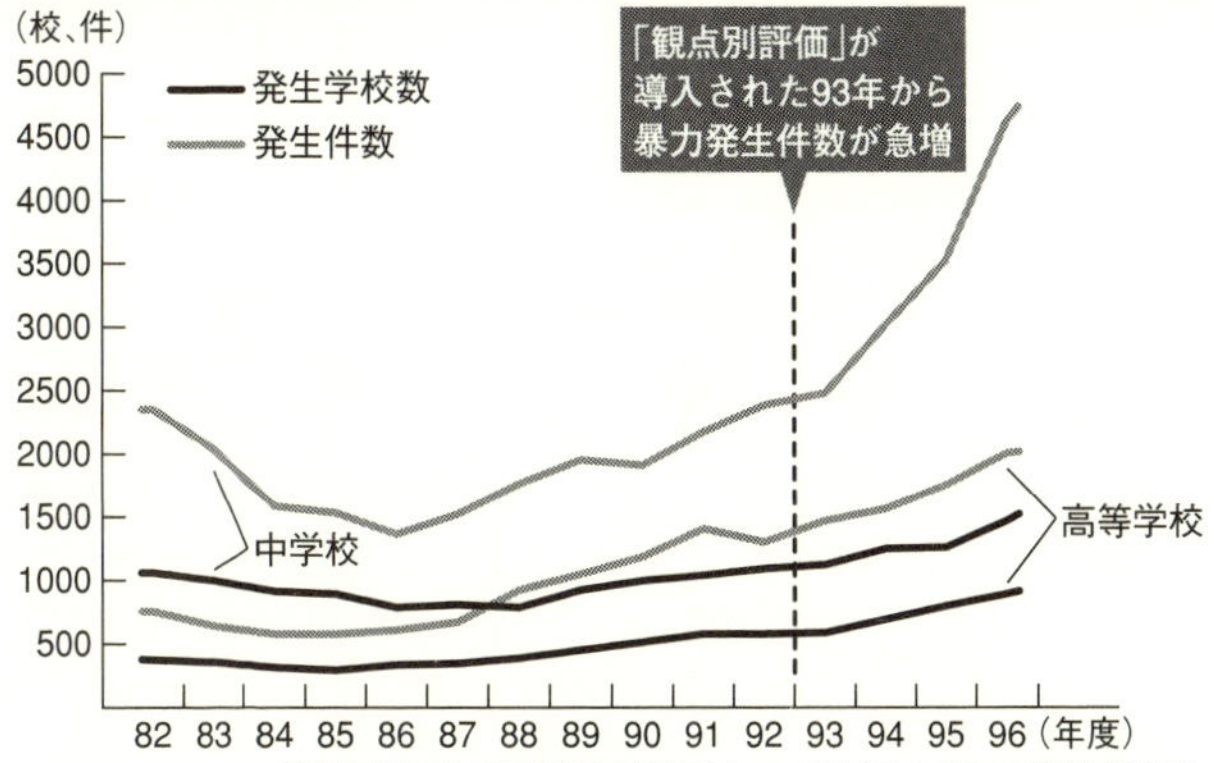

「生徒指導上の諸問題の現状について」（2000年、旧文部省より）

『ゆとり教育から我が子を救う方法』東京書籍より

また、今回の学習指導要領の改訂では、悪評高い「内申書」が見直されるどころか、さらにしめつけがきびしくなったことをご存じでしょうか。

たとえば中間テストや期末テストで満点を取ったとしても、教師から「この子は学習意欲や態度に問題がある」と判断されれば、内申点の5段階評価で5の満点評価がつかないこともあるのです。１９９３年から始まった「観点別評価」と呼ばれるものを、「今回さらに発展させよう」ということになり、それが「絶対評価」と呼ばれています。その中ではペーパーテストの比率はわずか25%になったのです。

教師だって一人の人間ですから、「Cさんとは何となくウマが合うけど、Dさんは苦手」など、どうしても主観的な判断が混じってしまうことは避けられません。

その結果、子どもたちは教師に悪い印象を与えないよう、常に「いい子」を演じなくてはなりません。これは成長途上の子どもたちにとって、ものすごいストレスになると思います。

内申書で子どもたちを縛りつけるのは、「監視教育」以外の何ものでもありません。いじめ、校内暴力、不登校など一連の病理的な現象は、教師やまわりの同級生たちから、常に監視されるストレスが引き金になっているのではないでしょうか。

アメリカは詰め込み型教育に方向転換

「ゆとり教育」が「愚民化政策」であることは、先だってそれを経験したアメリカのケースを見ても明らかです。

一昔前のアメリカは、かつての日本と同じく「知識詰め込み型」の教育を施していたのですが、１９６０年代以降、ベトナム反戦運動やフェミニズム運動の盛り上がりなどをきっかけに、子どもたちの個性や自主性を重視する教育方針へと変わっていきました。「宿題も試験も必要ない。生徒たちが学びたいカリキュラムを、各々で自由に選択させるべきだ」と、子どもたちの自由と個性を尊重したのです。

その結果、事態は思わぬ方向へ進みました。

１９８０年代に入ると、子どもたちの深刻な学力低下が国家的な問題になりました。

何しろ、17才の子どもの約13パーセントが、日常の読み書きさえできなくなってしまったのです。同時に、家出や売春、非合法のドラッグに手を染めるなど、子どもの非行も激増しました。

「勉強しないと子どもはやっぱりバカになる。このままでは将来の労働者の知的レベルが下がり、国際競争力を失うことになる」と危惧した当時のレーガン大統領は、日本の詰め込み型教育をお手本にして、国の教育方針を１８０度転換させました。

続くブッシュ大統領は１９８９年、各州の知事を集めて教育サミットを開き、「２０００年までに、科学と数学の学力を世界一にする」と宣言しました。クリントン大統領は「最初の先生は親である」と家庭教育の強化を推進し、さらにブッシュ・ジュニアは、全米に学力主義を徹底させました（彼はテキサス州知事時代、テストの平均点が悪い状態が続く学校への補助金を打ち切り、やる気のない学校の生徒には報奨金を与えてやる気のある学校への転校をすすめたほどです）。

歴代の大統領自らが「ゆとり教育は完全に失敗」と素直に認め、かつての日本にならって徹底した知識重視の教育を行っているのが、今のアメリカの現状なのです。

実はイギリスでもかつて、「トピック学習」と呼ばれる「総合的な学習」が取り入れられたことがありました。

「雨」や「道路」など教科書に載っていないトピック（話題、題材）をテーマにして、生徒たちに自発的に学習させようとする試みでしたが、それによって一般教科の時間がけずられ、子どもたちの学力が大幅に下がってしまいました。

読み書き計算が満足にできない子どもたちが増えて大きな社会問題となったため、１９８８年の教育改革から、教科学習重視のカリキュラムに戻されました。

アメリカやイギリスがゆとり教育から詰め込み型教育へ大きく方向転換したのに対し、日本は「これからはゆとり教育だ」と逆行しています。他国の例を見習えば失敗するのは目に見えているのに、文部科学省は方針を変えようとしません。

教育政策というのは、日本の未来を左右する大事な国策です。「ゆとり教育は氷山に向かうタイタニック」という人もいます。このままいけば日本の子どもたちの学力はさらに低下し、やがて日本は大きな危機に立たされることになるでしょう。

世界で最も理数離れが進んでいる日本の子ども

日本の子どもたちの成績がいかに低下しているかは、１９９９年に行われた国際教育到達度評価学会（＝ＩＥＡ　本部はオランダ）でも明らかになりました。

世界の中学生を対象にした第１回（１９６４年）と第２回（１９８１年）の数学力の調査では、日本の子どもたちは世界でも１位、２位のトップクラスを争っていました。「詰め込み教育」全盛の時代です。

ところが、１９９５年の調査では世界3位、１９９９年は5位にまで下落してしまいました（1位はシンガポール、2位は韓国、3位は台湾、4位は香港）。

まだ上位に位置しているとはいうものの、順位が下落しているのは明らかですし、ライバルと言えるアジアの国々に軒並み負けています。

しかも、「数学が好きか・きらいか」というアンケートでは、「大好き」がわずか9

パーセント、「好き」が39パーセントで、38カ国中ではほとんど最下位レベルでした。「理科が好きか・きらいか」では、「大好き」と「好き」を合わせて55パーセント。こちらも世界最下位レベルです。

今の日本の子どもたちは、世界で最も理数離れが進んでいるのです。

興味や関心は学力を向上させる原動力のひとつですが、今の子どもたちの現状を見るにつけ、今後さらに理数系のレベルが落ちることは想像にかたくありません。

「日本の中学生の学校外での勉強時間は、1日平均1・7時間」というデータもあります（世界平均は2・8時間）。家でまったく勉強しない中学生は、全体の4割いると、この調査で明らかになっているのです。

「学校でも勉強しない、家でも勉強しない」では、子どもたちの学力がどんどん落ちていくのは当たり前です。

21世紀のシビアな競争社会で、勉強のできない子どもが将来「負け組」に入る確率が限りなく高くなることは、誰の目から見ても明らかなのです。

ＩＥＡ（国際教育到達度評価学会）が調査した世界の中学生の数学の成績

数学の成績（中学校）（上位10位までを掲載）

（注）イングランドはイギリスとして示す。

第1回 1964年（昭和39年）	
国／地域	平均総得点（点）
イスラエル	32.3
日本	31.2
ベルギー	30.4
西ドイツ	25.5
イギリス	23.8
スコットランド	22.3
オランダ	21.4
フランス	21.0
オーストリア	18.9
アメリカ合衆国	17.8

（中学校2年　70点満点）

第2回 1981年（昭和56年）	
国／地域	平均正答率（%）
日本	62.3
オランダ	57.4
ハンガリー	56.3
フランス	52.6
ベルギー（フラマン語圏）	52.4
カナダ（ブリティッシュコロンビア州）	51.8
スコットランド	50.8
ベルギー（フランス語圏）	50.0
香港	49.5
カナダ（オンタリオ州）	49.4

（中学校1年）

第3回TIMSS 1995年（平成7年）	
国／地域	平均得点（点）
シンガポール	643
韓国	607
日本	605
香港	588
ベルギー（フラマン語圏）	565
チェコ	564
スロバキア	547
スイス	545
オランダ	541
スロベニア	541

（中学校2年）

*得点は、全生徒（中1、中2）の平均値が500点、標準偏差が100点となるよう算出した上で、中学校2年生の得点を示したものである。

第4回TIMSS-R 1999年（平成11年）	
国／地域	平均得点（点）
シンガポール	604
韓国	587
台湾	585
香港	582
日本	579
ベルギー（フラマン語圏）	558
オランダ	540
スロバキア	534
ハンガリー	532
カナダ	531

（中学校2年）
*得点は、全生徒の平均値が500点、標準偏差が100点となるよう算出。

理科の好き嫌い

（注1）「ー」はデータがないことを示す。（注2）イングランドはイギリスとして示す。

国／地域	「大好き」及び「好き」と答えた生徒の割合	
	1999年	1999年～1995年の差
インドネシア	96	ー
マレーシア	96	ー
イラン	92	-1
フィリピン	92	ー
タイ	90	-2
チュニジア	90	ー
チリ	89	ー
ヨルダン	87	ー
トルコ	87	ー
シンガポール	86	-6
南アフリカ	86	ー
イギリス	83	5
香港	76	7
キプロス	75	5
アメリカ合衆国	73	2
イタリア	72	ー
カナダ	70	2
ニュージーランド	70	2
台湾	69	ー
イスラエル	67	8
オーストラリア	66	6
日本	**55**	**-1**
韓国	52	-7
国際平均値	**79**	**2**

文部科学省ホームページより

数学の好き嫌い

(注1)(　)は標準誤差(SE)を示す。
(注2)「—」はデータがないことを示す。
(注3)平均は、大好きを4点、好きを3点、嫌いを2点、大嫌いを1点として計算したときの値である。
(注4)イングランドはイギリスとして示す。

国／地域	1999年の生徒の割合		1999年~1995年の差	1999年の平均
	大好き	好き		
マレーシア	42 (1.0)	53 (1.0)	—	3.4 (0.01)
インドネシア	22 (1.2)	70 (1.0)	—	3.1 (0.02)
フィリピン	32 (1.0)	59 (1.0)	—	3.2 (0.01)
南アフリカ	53 (1.0)	35 (0.9)	—	3.4 (0.02)
モロッコ	54 (0.9)	33 (0.7)	—	3.4 (0.01)
イラン	35 (1.1)	49 (0.9)	-1	3.1 (0.02)
ヨルダン	41 (1.4)	41 (0.9)	—	3.2 (0.03)
マケドニア	30 (1.0)	51 (1.0)	—	3.1 (0.02)
シンガポール	30 (1.0)	49 (0.8)	-3	3.0 (0.02)
タイ	13 (0.7)	66 (0.8)	-3	2.9 (0.02)
ロシア	22 (1.0)	56 (0.8)	5	3.0 (0.02)
チュニジア	31 (0.9)	46 (0.8)	—	3.0 (0.02)
キプロス	30 (1.0)	47 (1.1)	3	3.0 (0.02)
トルコ	27 (1.0)	50 (0.8)	—	3.0 (0.02)
イギリス	23 (1.1)	54 (1.1)	-3	3.0 (0.02)
香港	22 (0.7)	53 (0.7)	10	2.9 (0.02)
イスラエル	29 (1.2)	45 (0.9)	8	3.0 (0.03)
チリ	26 (1.0)	47 (0.7)	—	2.9 (0.02)
カナダ	24 (1.0)	49 (1.6)	-1	2.9 (0.02)
ニュージーランド	20 (1.0)	53 (0.9)	1	2.8 (0.02)
リトアニア	16 (1.1)	55 (1.3)	18	2.8 (0.02)
スロバキア	16 (1.0)	54 (1.2)	10	2.8 (0.03)
アメリカ合衆国	23 (0.9)	46 (0.6)	-1	2.8 (0.02)
ルーマニア	19 (0.8)	50 (0.9)	-2	2.8 (0.02)
イタリア	30 (1.0)	38 (1.1)	—	2.9 (0.02)
ブルガリア	22 (1.9)	46 (1.3)	—	2.8 (0.04)
オーストラリア	17 (0.9)	51 (1.0)	4	2.7 (0.03)
ベルギー(フラマン語圏)	20 (0.9)	46 (1.3)	-1	2.8 (0.02)
フィンランド	17 (1.1)	47 (1.4)	—	2.7 (0.03)
ハンガリー	14 (0.7)	48 (1.3)	4	2.7 (0.02)
ラトビア	11 (0.7)	50 (1.3)	-6	2.6 (0.02)
スロベニア	12 (0.7)	48 (1.6)	-6	2.6 (0.02)
台湾	15 (0.7)	41 (0.8)	—	2.6 (0.02)
チェコ	11 (0.9)	44 (1.5)	6	2.5 (0.03)
韓国	12 (0.5)	42 (0.8)	-4	2.6 (0.02)
日本	**9 (0.5)**	**39 (0.9)**	**-5**	**2.4 (0.02)**
モルドバ	26 (1.0)	17 (0.8)	—	2.6 (0.02)
オランダ	— —	— —	—	— —
国際平均値	**24 (0.2)**	**48 (0.2)**	**2**	**2.9 (0.000)**

文部科学省ホームページより

「できる子」と「できない子」の二極化が進んでいる

「勝ち組」と「負け組」の差が大きく離れているのは、大人の世界だけではありません。最近では、子どもの教育の世界の階層格差も急激に進んでいます。

昔は、お金のない家の子どもほど勉強に励んだものでした。

「お父さんのようになりたくなかったら、一生懸命に勉強していい大学に入り、いい会社へ就職しなさい」と母親が子どものおしりをたたいたり、「貧乏で苦労しているお父さんやお母さんに将来は楽をさせてあげたいから、がんばって勉強し、たくさんお金を稼げるようになろう」と、必死になって一流大学をめざす子どもたちが多かったのです。

ところが今は違います。

「どうせ勉強したって、たかが知れている」「どうせがんばっても、父親クラスどまり。それなら、楽しく遊んで暮らしたほうがいい」と、最初からあきらめてしまうケースが非常に多いのです。

今の時代は親の学歴や収入の低い層の子どもほど向上心に欠け、勉強意欲がとぼしく、勉強時間も短いことが、各種の統計から明らかになっています。

「勉強するのはかっこ悪いこと」「勉強ばかりしていると性格がゆがむ」「子どもに勉強を強《し》いるのは親のエゴ」「頭のいい子は性格が冷たい」など、根拠のないことを興味本位に垂れ流す、テレビ番組にも問題があると思います。

（情報収集能力や判断力がない親や子ほどテレビの言うことをうのみにしがちですが、そもそもテレビとは、一流の情報を与えてくれるメディアではありません。）

逆に、親の学歴や収入が高く、親が教育熱心であるほど子どもの向上心は高く、勉強時間が長く、成績もいい傾向があるのです。

「裕福な家庭ほど、子どもの学歴が高くなる傾向がある」という調査もあります。

今から20数年前の話になりますが、私が在籍していた当時でも東大の合格者ランキングの上位は、裕福な家庭で育った私立や国立の中高一貫校出身の子どもたちでしたし、「東大に受かった子どもたちの親の平均年収は、早稲田や慶応などの私立大学よりも上」というニュースが話題になりました。

「環境が子どもを育てる」とよくいいますが、学歴も年収も高く、しかも教育熱心な親に育てられた子どもほどよく勉強し、将来はいい学校に入り、教養を活かして高収入を得られる傾向があります。

逆に、学歴も年収も低く、子どもの教育に無関心な親に育てられた子どもは、親と同じような道をたどることが少なくありません。

特に公立校の「ゆとり教育」で最低レベルの授業しか受けられない今は、資金力のある親は子どもを私立の中高一貫校に入れたり、一流の塾に通わせるなどしてがっちり守りを固めることができますが、お金を持っていない層は、公立の中学や高校に子どもを通わせるしかありません。

その結果、「できる子」と「できない子」の二極化が、ますます激しくなっていくのです。

「母親の学歴と子どもの成績」（中学2年生）

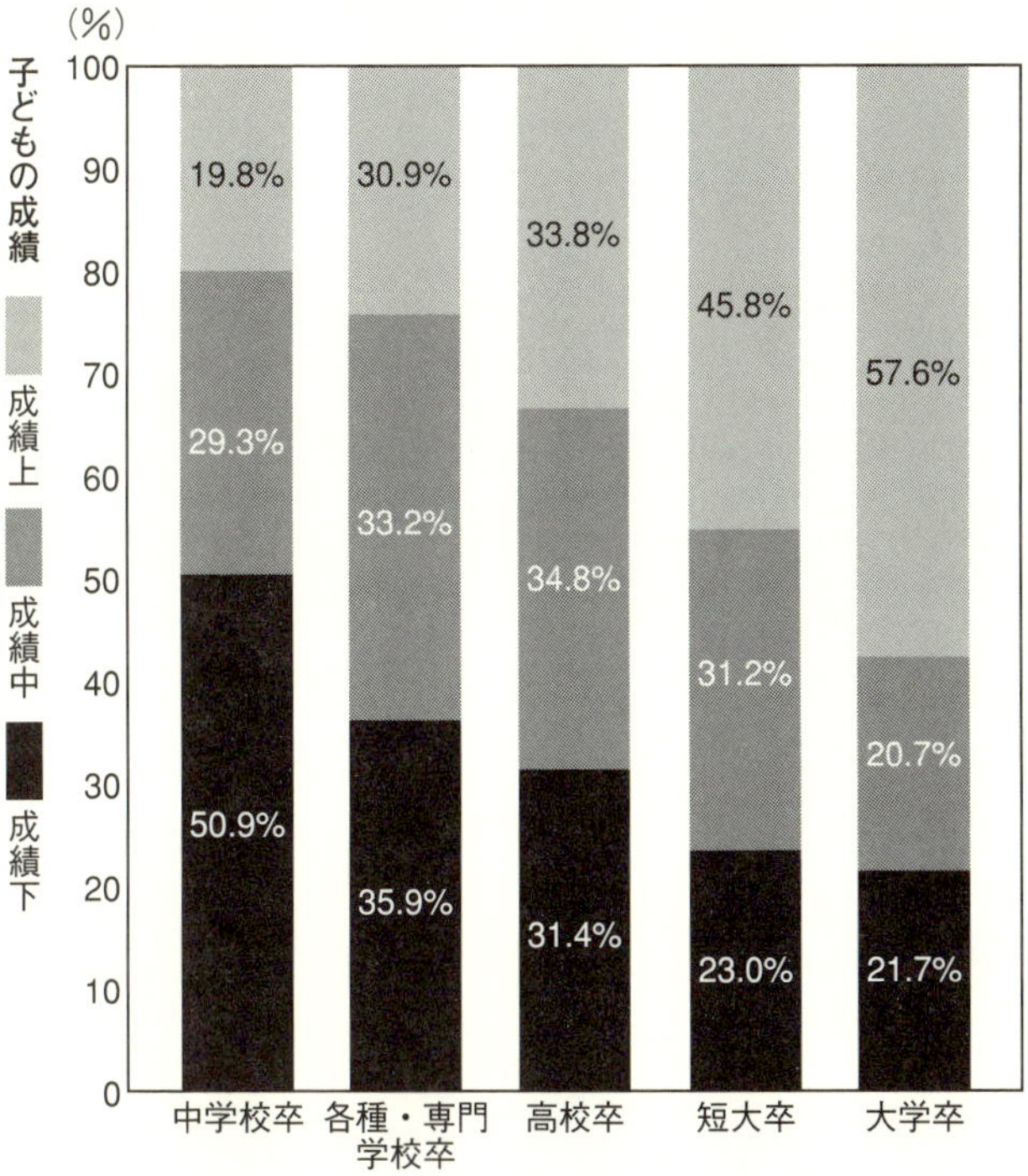

東京都立大学（1992年）より改変
『ゆとり教育から我が子を救う方法』東京書籍より

東大卒の肩書きがモノを言う時代に

「２００９年問題」という言葉をご存じでしょうか。子どもの数が減少し、大学の募集定員が増加しているため、２００９年には大学の志願者数より、大学の募集定員数のほうが多くなるのです。つまり２００９年には、学校名を選ばなければ、「名前を書くだけで」猫も杓子《しゃくし》も大学に入れるようになるわけです。

とはいえ、誰もが名前の通った一流校に入れるわけではありません。東大など人気の高い大学は志望者がどっと群がり、競争はより熾烈《しれつ》になるでしょう。逆に、人気のない三流校、四流校は、経営上少しでも定員割れしないよう、成績のいかんを問わず、志願者を全員受け入れることになります。

これからの時代は「大卒」という肩書きには何の価値もなくなり、「どの大学を出たか」が重要になってきます。出身大学の「ブランド」でその人の価値が判断される、

本当の意味での「学歴社会」が、日本でもこれから本格的に始まるでしょう。だからこそ、「わが子を将来、幸せにしたいなら東大に入れましょう」と私はみなさんにお勧めしたいのです。

日本一のトップ・ブランド校である東大を卒業すれば、一流の職場に就職し、いいポストを与えられ、高給を得られる確率が高くなります。自ら事業を立ち上げる場合でも、「東大卒」という肩書きは、クライアントや取引相手に多かれ少なかれ、インパクトを与えることでしょう。

あるデータによると、一流企業の生涯年収は4～5億円、メーカーだと3億円、中小企業だと2億円くらいだそうです。つまり、一流の会社に入るのとそうでない会社に入るのとでは、生涯年収で何億円もの差がつくのです。最近では年収1億円レベルの外資系企業も出ており、収入格差はさらに広がっています。

世の中が不景気になっても、東大卒の就職は優遇されているのが現状です。だとすれば、多少ムリをしてでも、わが子を東大に入れるのは損ではないと思います。

子どもの学力は親の熱意しだい

「学校があてにならない今、子どもの最後の砦は親」と、先ほど述べました。

わが子の未来は、子ども時代に親が敷いたレールの延長線上にあります。

わが子に将来、「生きがいのある仕事で高収入を得て、豊かで楽しい暮らしをしてほしい」と望んでいるなら、まずお母さんのあなたが、子どもの勉強をリードしてあげましょう。

「子どもの勉強は手をかければかけるほど伸びるし、かけなければかけないほど伸びない」という法則をご存じでしょうか？

意外に思われるかも知れませんが、教育というのは万民に対して平等に作用するもので、たとえどんなに高学歴で裕福な親でも、子どもに手をかけなければ、その子どもは伸びません。

逆に、学歴がなくて収入が少ない親でも、一生懸命に手をかければかけるほど、子どもはどんどん頭がよくなっていきます。

遺伝子や、お金のある・なしが、子どもの頭を決めるわけではないのです。

実際、私の父親は関西の名もない私立大学の出身ですし、母親は高卒です。父はサラリーマンでしたから、「特別のお金持ち」というわけでもありません。

それでも、私と弟は現役で東大に合格できました。

「お前は必ずできる」「お前なら絶対に大丈夫」という両親の前向きな期待と温かい愛情が、私たち兄弟の「お守り」がわりになったのだと思います。

親の応援と励ましをバックに、私は公立の小学校（父親の仕事の都合で、６回も転校しました）から灘中に入り、東大の理Ⅲへ現役で進みました。

とはいっても、「夜も寝ずに必死に勉強して」合格したわけではありません。

「受験はあくまでも、ふるい落としのゲーム。積み木を重ねるように時間をかけてコツコツ知識を積み上げるより、出そうな範囲だけに的をしぼって要領よく塗りつぶしていったほうが、受かる確率が高い」と、短期間でラクに合格できる方法を模索したのです。

そのときに編み出した「和田式受験突破法」は現在たくさんの本になって紹介され、「東大合格のバイブル」として、多くの方々の役に立っています。

ところが弟の場合は、小学校1、2年の頃、親が「学力の低い生徒を集めたクラスに入れようかどうしようか」と真剣に悩んだほど、勉強ができませんでした。けれど、母親があきらめずに「やればできる！　お前は本当は頭のいい子なのだ」と公文式に通わせたおかげで、彼は「バカの壁」から脱却できたのです。

残念ながら灘中には入れなかったものの、高校で私の編み出した受験突破法をそのまま踏襲し、みごとに東大の文Ⅰに合格。さらに在学中に司法試験にも合格するという離れわざをやってのけ、現在は役人をしています。

弟のケースを見て私は、「本当に勉強をやっても勉強のできない人間は、実は世の中に10パーセントも存在しないのではないか」「偏差値40の子どもだって、やり方しだいで東大をねらえる」と確信するようになりました。

地方の公立高でも勉強しだいで東大に入れる

親がきちんと子どもに手をかけ、子どもが本気でやる気を出せば、東大に入ることは「奇跡」でも何でもありません。

「東大受験」というと「あまりにもハードルが高すぎる」「うちの子にはとうていムリ」と短絡的に考える親は多いかもしれません。けれど実際のところ、東大受験のハードルは、一昔前よりも確実に低くなっているのです。

たとえば私が東大の理Ⅲ（医学部進学コース）を受験した１９７９年当時、合格者の二次試験の最低点は４４０点満点中２９０点前後でしたが、最近は２６０点まで下がったことがあります。

文Ⅰ（法学部進学コース）は２４０点から２００点前後、理Ⅰ（工学部・理学部進学コース）は２３０点から１９０点前後と、ほとんどの学部で30〜40点もハードルが

低くなってしまったのです。

そのため最近は合格最低点を上げるために問題が平易化され、たとえば文Ⅰの合格最低点は２５０点前後に戻った（定員の減った２００４年は２７４点）と発表されていますが、問題のレベルが変わらないセンター試験では、文Ⅰの合格ラインはかつての９割から、現在は８割５分前後まで下がっているというデータもあります。

また同じ東大の合格者同士でも、学力の差が極端に開いているのが最近の特徴で、トップクラスで合格する一部の天才級グループを除けば、「下半分」に位置する下位グループのレベルは、以前より下がっているといわれます。

トップクラスで余裕を持って合格するのはムリでも、傾向と対策をしっかり研究して要領よく勉強すれば、下位グループに潜り込むことは夢物語ではないのです。

「とはいえ、うちの子は名前の通った首都圏の名門校ではなく、地方の公立校に通っているから不利なのでは？」と心配する方も多いでしょう。

しかし、「最近の地方の公立校は、下手な中高一貫校より東大に有利」といわれているのをご存じでしょうか？

かつては「首都圏の名門公立高に進学すれば東大に合格できる」といわれていまし

たが、今では、生徒たちの大部分が「ゆとり教育」の公立中学に見切りをつけ、新興の中高一貫校に流れています。

その結果、首都圏では、従来の名門公立高に進む優秀な生徒が減ってしまいました。「昔の名門高」は、すでに名門高ではないのです。

ところが地方にはまだ新興の中高一貫校が少ないため、公立高校のレベルがそれほど落ちてはいません。「昔の名門高」は、「今も名門高」なわけです。

つまり生徒のレベルから言えば、首都圏の新興の中高一貫校と同じレベルの公立高も多いのです。ということは、地方の公立校でも、勉強しだいで東大に入れるということです。

東大に合格するのは私立・国立の中高一貫校出身の生徒が飛び抜けて多いことは動かしがたい事実ですが、実は、地方からの東大合格者数は意外に減っていません。

私の主宰する緑鐵《りょくてつ》受験指導ゼミナールからも、ほとんど無名に近い地方の公立高の生徒が東大に何人か合格しています。

ということは、「やる気があり、やり方さえ間違っていないなら、たとえ地方の公立校からでも受かるものは受かる」ということです。

私は仕事がら、地方の公立校に通う中学生や高校生に接する機会も多いのですが、彼らには、首都圏の子どもたちにはない「まじめさ」「熱心さ」があります。

地方には手取り足取り面倒を見てくれる進学塾や補習塾が少なく、余計な受験情報が錯綜していない分、彼らはひたすら一直線に前を見て、東大受験に向けてコツコツと勉強を積み重ねることができるのです。そのひたむきな姿を見るたびに、「地方の公立校だって、十分に東大をねらえる」と実感します。

それに対し、首都圏の名門高や私立校に通う最近の子どもたちは、「がんばらないのがかっこいいこと」と思い込む傾向があります。

「わき目もふらずに勉強すると、周囲から浮いてしまう」と考える親や子どもたちが増えている今、「よけいなことに目をそらさず、ひたすら机に向かう地方の公立の子」は、ある意味で「有利な立場に立っている」と言ってもいいでしょう。

東大合格者の出身地別統計

世間で考えられているほど地方からの合格者は減っていない。

出身校所在地	1983年		1989年	
	合格者数	比率(%)	合格者数	比率(%)
北海道	56	1.8	46	1.3
東北	78	2.5	82	2.4
関東	506	16.5	658	19.0
東京	974	31.7	1087	31.4
北陸	151	4.9	157	4.5
中部	281	9.1	314	9.1
近畿	411	13.4	438	12.6
中国	192	6.2	190	5.5
四国	121	3.9	155	4.5
九州・沖縄	299	9.7	317	9.1
検定・その他	5	0.2	22	0.6
計	3074	100.0	3466	100.0

(注)関東の欄は東京を除く
外国学校卒業生特別選考(第2種)を除く

出身校所在地	2000年		2003年	
	合格者数	比率(%)	合格者数	比率(%)
北海道	48	1.5	52	1.6
東北	86	2.6	86	2.6
関東	567	17.3	609	18.6
東京	1042	31.8	1086	33.2
北陸	101	3.1	122	3.7
中部	305	9.3	311	9.5
近畿	470	14.4	435	13.3
中国	164	5.0	162	5.0
四国	123	3.8	106	3.2
九州・沖縄	356	10.9	290	8.9
検定・その他	12	0.4	11	0.3
計	3274	100.0	3270	100.0

(注)関東の欄は東京を除く
外国学校卒業生特別選考(第2種)を除く

●1983年、1989年は『平成2年度　東京大学』(駿台文庫　青本)より
●2000年、2003年は「2003/2004代々木ゼミナール第1回東大入試プレ(前期)データ」より

いい教師に当たるかどうかは「運」

地方の公立校のメリットは、まだあります。

意外なようですが、私立の小学校や中高一貫校は校内行事が多く、クラブ活動も重要視されています。また首都圏の場合、片道1、2時間近くかけて通学する生徒も少なくありません。

つまり彼らは、「自由になる時間」がとても少ないのです。

けれど地方の公立校の場合、ムリにクラブ活動に参加する必要はありませんし、家からの通学時間もそれほどかからないケースがほとんどです。

公立で問題になっている「ゆとり教育」だって、私立校の生徒が詰め込み式のカリキュラムにあえいでいる間、公立校の生徒は「総合的な学習」の時間に息抜きができます。

つまり学校でストレスを感じない分、家に帰ってからマイペースでじっくり勉強することができるのです。

「でも、私立の教師のほうが優秀で、受験にも熱心なのでは？」と心配する必要もありません。

いい教師、ダメな教師は、確率からいえば、私立・公立問わず同じような割合で存在します。

いい教師に当たるかどうかは、結局は「運」。どんな名門の私立校でも、運が悪ければダメな教師に当たってしまうし、たとえ無名の公立校でも、運さえよければ、生徒の能力を最大限に引き出してくれる教師に出会えるのです。

「陰山メソッド」で知られる陰山英男さん（現・尾道市立土堂小学校校長）は、以前、教諭として赴任していた兵庫県朝来《あさご》町立山口小学校で、子どもたちに授業の初めに「百ます計算」をやらせていました。

百ます計算とは、縦軸と横軸に10個ずつ数字を並べ、それぞれの数字を足したり引いたりする「計算習熟ツール」です。

これを毎回、時間を計りながら、できるだけ早く解くように指導していくと、子どもたちの計算力は飛躍的に伸びていくのです。

私は以前、その山間の学校へ授業風景を見に行ったことがありますが、授業開始の最初の5分間、子どもたちはゲーム感覚で、ウキウキしながら実に楽しそうにますを埋めていました。

国語の時間には、授業に入る前に「学問のすすめ」や「平家物語」「奥の細道」「日本国憲法前文」などを、子どもたちに暗唱させていました。

立ち上がって体全体で暗唱する子どもたちのその姿から、私は都会の子には見られない、いきいきした情熱と大きなパワーを感じたものです。

算数や国語、その他の科目にしても、かなり内容が濃いものであったにもかかわらず、「詰め込み」という感じはせず、子どもたちは本当に楽しそうでした。

本来、勉強とはそのように楽しいものなのです。

「賢くなりたい」「頭がよくなりたい」という欲求は、人のごく自然な本能なのだと、私は子どもたちと接しながら改めて思いました。

山口小学校は生徒数が300人程度の小さな公立小学校ですが、同校の卒業生からは東北大学医学部、神戸大学医学部、大阪大学理学部など、有名大学合格者が続出し

百ます計算・たし算・ひき算（陰山メソッド）

月　日（　分　秒）

+	5	0	8	2	4	7	3	9	6	1
2										
4										
5										
9										
8										
0										
3										
7										
1										
6										

月　日（　分　秒）

−	12	15	14	19	13	11	18	17	16	10
5										
0										
4										
2										
7										
9										
6										
8										
3										
1										

百ます計算のやり方
縦の欄と横の欄を足していきます。（たし算の場合）

+	5	0	8	2	4
2→	↓7	↓2			
4					
5					
9					
8					

『学力をつける100のメソッド』（陰山英男・和田秀樹／PHP研究所）より

ています。

進学塾も予備校も、参考書が豊富にそろうような大型書店もない山間の学校でも、小さいうちに勉強の楽しさを教えてやりさえすれば、子どもたちは自発的に勉強するのです。

このように、やる気のある教師がいさえすれば、どこでも「奇跡」は起こります。地方にいることをハンデに思うよりも、むしろ、地方で学んでいる子どもたちこそ、どんどん東大をめざすべきだと私は思います。

今のように都会の中高一貫校出身の学生ばかり合格するような事態が続くと、教育的階層の固定化が進み、エリートが一極集中して、日本全体が活性化しません。日本の将来のためにも、私立・公立、都心・地方を問わず、さまざまな環境で育ってきた子たちがバランスよく混ざり合って、東大に入るべきなのです。

ただし、そのためには、地方の公立小学校にいる子どもたちが、小学校の頃からしっかり勉強して基礎学力をつけておかなければ、都会の私立中学校に入る子どもに勝てないことは言うまでもありません。

東大は目的でなく、手段

私が「子どもを東大に入れましょう」と本や新聞、インターネット、ラジオなどを通じて多くの方々にアピールしているせいでしょうか、「東大に入るだけが幸せじゃない」「東大に入れば偉いのか」と反論してくる方も、中にはいらっしゃいます。

勘違いしてほしくないのですが、東大合格は人生の「目的」ではなく、あくまでも「手段」です。「人生で勝ち組に入るための手段」です。

どう考えても日本では学歴があったほうがトクですし、「東大卒」ならさらにいい目を見ることは、誰の目から見ても明らかです。それが現実なのです。

さらに「中学受験、あるいは高校受験で難関を突破し、ついに東大に合格」というルートをたどる途上で、その子どもには「がんばる力」「チャレンジする力」「自分の実力に合わせた計画を立てる力」「最後まであきらめない力」が身につきますし、「東大で4年間、できる奴と一緒に勉強してきた」という実績は、本人にとって大きな自信とプライドになるのです。

在学中に築いた人脈も、きっと将来に役立つでしょう。東大の優等生は、他の大学の優等生に比べ、出世する確率が非常に高いのです。

これからのハードな競争社会を生き抜いていくために必要な条件が、「東大受験&合格」というプロセスで、ほぼ身につくわけです。

子どもの幸せを考えたら、教育ママ、教育パパになるのは当たり前。みんな大々的に公表などしませんが、世の中の賢い親はほぼすべて、家に帰ってきた子どものおしりをたたいて必死に勉強させているのです。

はっきり言っておきますが、子どもというのは、放っておくと楽な道を選ぶものです。「ゆとり教育」に子どもを任せっぱなしにすれば、そのときは時間のゆとりがあって遊べても、将来はゆとりのある暮らしができません。

結局、将来損をするのは子どもであり、「あのとき少しでも勉強させておけば、こんなことにはならなかったのに」と後悔するのは親なのです。

わが子がかわいいなら、誰にも遠慮せず、堂々と教育ママになりましょう。

「勉強ばかりさせてかわいそう」とうわさ話をするご近所や、「詰め込み学習は子どもの心をゆがめる」などといい加減な批判をするマスコミは、あなたの子どもの将来に何の責任も取ってくれません。

わが子の将来は、親であるあなたが、守り育ててやらなくてはならないのです。たとえ偏差値40でも、塾に通わせる家計の余裕がなくても、あきらめてはいけません。子どもの頭が悪くても家にお金がなくても、本書を読めば、「勉強がおもしろくなるコツ」「要領よく成績を伸ばせるコツ」「テストでいい点を取るコツ」がわかります。ぜひ、やってみてください。

子どもの幸せは親の幸せです。

わが子に幸せな人生を送ってもらいたいなら、本書で子どもの学力を上げるノウハウを知り、明るく豊かな未来に向かって、正しく導いてあげてください。

第1章

子どもの「頭」は、小3までに決まります

鉄は熱いうちに打て

小さな子が海外で生活すると、まだ単語の意味も理解しないうちに、大人よりずっと短期間で外国語が話せるようになります。

子どもの脳は「白紙の辞書」にたとえられ、「耳から入ってくる言葉や目で認識する文字などが、次々に機械的に記憶されていく」とされています。

わかりやすくいうなら、小さな子どもの脳は、新品の柔らかいスポンジのようなもの。

小学校低学年までは、見るもの、聞くものすべてがそのままストレートに吸収されます。

見るもの、聞くものを単純にそのまま覚えてしまうような形の記憶を、「意味記憶（いわゆる単純暗記）」と呼びます。

対して大人のほうは、すでに脳のスポンジが固くなっていますから、新しいことを一から覚えるのはむずかしくなります。

大人が語学を習ってもなかなか話せないのは、すでに脳内の情報処理のスタイルが固まってしまっているからです。

そのかわり、大人は今までのさまざまな経験に基づいて論理的にものごとの糸と糸をつなげ、エピソードを記憶することができます。

このように、経験に基づいて記憶していくことを「エピソード記憶」と呼びます。

子どもが得意なのは意味記憶（いわゆる単純暗記）、大人が得意なのはエピソード記憶です。

子どもが小さいうちにできるだけたくさん知識を吸収すれば、前頭葉が活性化し、そこから「情報処理」という名の木の幹が太く、高く伸びていきます。

後で大人になったとき、その木にはたくさんの実がなります。

逆に必要なことを吸収せず、幹が細く、低いままで成長が止まってしまうと、大きくなったときにたくさんの実をつけることができません。

ですから、スカスカの「ゆとり教育」で子どもの脳を休めるのは、木の成長を止めるようなもの。とてももったいないことであり、子どもにとってかわいそうなことなのです。

「言葉や数字を何の苦労もなく覚えてしまう意味記憶（いわゆる単純暗記）が優位なのは、小学校3年くらいまで」と記憶の心理学では考えられています。

教育の世界でも、「子どもの賢さの土台は9才までにほぼ決まる」と言います。もちろん9才を過ぎても子どもの学力を伸ばすことは可能ですが、成長すればするほど、記憶に要する脳の負荷は大きくなってしまいます。

小さいうちなら何も考えずにスムーズに記憶できるものが、ある程度大きくなると、覚えるのに努力が必要になるのです。

ならば、脳のシステムが柔らかいうちに子どもにいろいろなものを見聞きさせて脳を刺激し、初期段階で「賢さの容量」を広げておいたほうがいいのです。

子どものころにきちんと前頭葉を使わないと、大人になってから十分に実がつかない

子どものころに前頭葉を使うと、記憶の木の幹（情報処理システム）が高く太く伸び、大人になってからたくさんの実がなる

「お受験」は必要ない

　子どもが小さいうちは、本人が興味を持っているなら、アルファベットでも地名でも、どんどんものを覚えさせましょう。

「お前はたいしたものだ！」「こんなに覚えて、すごいね」とほめてやれば、子どもだってうれしいものです。さらにいろいろなことを覚えようとするでしょう。

　ただし「お受験」に関して言えば、「必要ない」というのが私の正直な意見です（ここでいう「お受験」は小学校の受験、「受験」は中学校、高校、大学の受験のこと）。

　ゆとり教育の影響で今後さらに「お受験熱」が加熱すると言われますが、実は小学校くらいでは、公立も私立も勉強する内容にそれほど変わりはありません。国語にしても算数にしても、親がリードしてやれば十分なレベルです（塾の勉強は別ですが）。

親がきちんと見てやりさえすれば公立と私立で学力にそれほど大きな差がつくとは思

えませんし、私立小学校で習う英語だって、大学受験に直接、役立つわけではないのです。

確かに私の通った灘中には私立の名門小学校出身の生徒もいましたが、おしなべて彼らの大学受験の結果は芳しくなく、むしろ公立小学校出身者のほうが成績が上でした。

私が東大の理Ⅲに進んだときも、周囲に名門小学校出身の学生はほとんどいませんでした。

参考書代、塾の費用、受験にかかる費用、入学金など、子どもの教育費はこれから先、どんどん大きくふくらんでいきます。

お金と時間に余裕のある家ならいざ知らず、将来の学費をコツコツ貯めておきたい人は、ムリしてお受験させたり、英語塾などに通わせる必要はありません。

幼児期は勉強より愛情を注げ

ウィーン出身の精神分析学者であるハインツ・コフートは、「愛されて育った人間は性格がよくなる」と言いました。

両親から愛情を十分に注がれて育った子どもは「自己愛」が満たされ、自己評価が高くなるため、「素直」「正直」「無邪気」などの資質が身につくというわけです。わかりやすくいえば、「多少おっとりしているけれど、人のいい坊ちゃん、お嬢ちゃん」になるのです。

私の通った理Ⅲの同級生には、裏表のない、人のよいタイプがたくさんいました。彼らが東大に入れたのは、「勉強すれば、将来必ず役に立つ」という親の言葉を真《ま》に受けて、素直に勉強してきたからだと思います。

実際、私自身も、「勉強しないと将来お前が損をするよ」という母親の言葉を、「愛

してくれるからこその言葉」と素直に受け止めて勉強したものです。

うちは別にお金持ちというわけではなく、特別なぜいたくをさせてもらったこともないのですが、私が熱を出すと母は寝ないで看病してくれましたし、弟がテストで悪い点を取っても、母は絶対にあきらめませんでした。

ときにはきつくしかられることもありましたが、根底には「愛されている」という実感がありましたから、私たち兄弟は変にひねくれることなく、「お母さんが期待してくれるからがんばろう」と、一生懸命に勉強したものです。

これがもし、いい点を取ったときだけほめてくれる親だったり、自分のストレス発散のために子どもをしかる親だったらどうでしょう？　何を言われても素直になれず、「余計なお世話だ」「ほっといてくれ」と反発したことでしょう。

子どもというのは不思議なもので、親の気持ちを一目で見抜きます。

どんなにやさしい言葉をかけられても心が伴っていなければすぐにわかりますし、たとえ口ではきついことを言われても、その奥に温かい愛情が隠れていれば、素直に言うことを聞くものなのです。

お母さん、お父さんは、子どもが小学校に上がって本格的な勉強を始める前までは、少しくらい過保護でも、たっぷり愛情を注いで育ててやりましょう。

きちんと信頼関係を築いておけば、子どもは中学生、高校生、大学生、社会人になってからも、親の言葉にきちんと耳を傾けるものです。

「あまり過保護に育てると、子どものためによくないのでは？」などと心配する必要はありません。わが子を「過保護」に育てているのは、日本だけではないのです。

経済が急成長している韓国では、子どもが勉強している部屋の隅で母親が正座して見守るといいますし、一人っ子政策が推進された中国でも、親たちはわが子をまるで「小皇帝」のように扱っているといいます。

その結果、愛情をたっぷり注がれた「小皇帝」が頭のよい優秀なエリートに成長したおかげで、今の中国の発展があるわけです。

うちには2人の娘がいますが、彼女たちがまだ幼いとき、私と妻は「過保護」になることをおそれず、思いきりかわいがって育てました。

寝る前には童話を読んでやりました。読み聞かせはなかなかエネルギーのいる作業で、忙しくて疲れているときはつい子どもと一緒に寝てしまい、あわてて書斎に戻り、徹夜で原稿を書き上げることもしばしばありました。

何回も読み聞かせしているうち、子どもたちは絵本に書かれている文章を暗記して、自然にひらがなを覚え始めました。

ひらがなが読めるようになると、今度は自分の名前や簡単な単語をひらがなで書くようになります。そうやって、どんどん字が書けるようになったのです。

みかんやりんごを手にとって、足し算や引き算も教えてやりました。

正解したときは「すごいねえ、これは小学校で習うことなんだよ」と少し大げさにほめてやると、本当にうれしそうな顔をしたものです。

「お前はできる」「賢い子だね」と親が自信をつけてやると、子どもはどんどん伸びます。

「愛情を注げば注ぐほど、子どもはどんどん頭がよくなる」と心して、大切に、愛情を持って、わが子を育てましょう。

小学校低学年は何より「国語」

子どもが小学校に上がったら、まず勉強させなければいけないのは「国語」です。

なぜなら、算数も理科も社会も、教科書はみな「国語」で書かれているからです。基本的な読解力がなければ、教科書に書かれてある内容をきちんと理解することができません。

論理的な思考力を養うのは算数です。小学校低学年で勉強する単純な計算問題は、脳の前頭前野と呼ばれる部分を刺激し、「創造性や意欲を活性化させる」と考えられるようになりました。つまり算数で頭を鍛えれば鍛えるほど、いい意味での競争意欲が高まり、勉強へのモチベーションが高くなるのです。

日本では昔から「読み・書き・計算」が重視されてきました。

江戸時代、寺子屋では、6才から14才くらいまでの庶民の子どもを対象に、読み書

きソロバンが教えられていました。

そのおかげで、江戸では男子の86パーセント、女子の30パーセントが読み書き能力を身につけていたそうです。当時、日本人がどの国にも負けない頭のよさを維持できたのは、「寺子屋のおかげ」と言われています。

国語の授業では、「子《し》、曰《い》わく……」など、子どもたちは前に述べた山口小学校の生徒たちのように、教科書を音読していました（当時は「素読《そどく》」といいました）。

最近の脳科学では「音読をすると脳が活性化し、集中力が増す」という結果が報告されています。寺子屋の子どもたちも、音読することによって脳に「カツ」が入り、学力がどんどん上がっていったのではないでしょうか。その結果、商店に勤める小さな子でも、取り扱っている商品の名前を筆できれいに記すことができましたし、値段の計算もソロバンや暗算で手際よくやってのけたのです。

音読は子どもの脳を鍛え、勉強へのモチベーションを高めます。1日5分でも10分でも、教科書や本を読ませましょう。

九九は早いうちに丸暗記させよ

「勝ち組」の子は必ずといっていいほど「先行逃げ切り型」の勉強をします。早め早めの学習で、他の子より一足早くハードルを上げてステップアップするのです。

結果が出やすく、子どもが自信を持ちやすいのは何と言っても算数です。私自身もそうでしたが、算数ができれば、子どもは「自分は頭がいい」と思い込み、自己評価が高くなって、「負けないぞ！」と勉強するようになるのです。

「算数のできる子ども」をつくるには、まず小学1年のうちに2けたの足し算・引き算をマスターさせ、小学2年までに九九を覚えさせることです（九九は新しい学習指導要領で2年生に移されましたが）。

この時期までの子どもは意味記憶（いわゆる単純暗記）が優位ですから、根気よく教えればすぐに覚え、いったん覚えたら、そう簡単には忘れません。

はずみをつけてでも、メロディをつけてでも、とにかく毎日「二二が四、二三が六、二四が八……」と声に出させて、暗記させましょう。

一通り覚えたら、「5円玉の入っている袋がここに4つあるね。全部でいくら？」など、実物を用意して問題を出してやりましょう。

九九を覚えた子は、「5×4＝20で20円！」と得意になって答えるでしょう。

そのときすかさず「よくできた！」とほめてやり、「一袋当たりが5円だから、4つあれば5×4で20円になるんだね」と、かけ算の意味を説明するのです。

早めに九九を覚えておけば、その先で習う文章題が早く解けるようになりますし、万が一すんなり解けない場合でも、計算時間が早ければ、時間内に何回でも試行錯誤して正解を導き出すことができます。

ちなみにインドの小学校では、九九はもちろん、19×19（＝361）まで子どもに丸暗記させてしまいます。今のインドから優秀なＩＴ技術者がたくさん生まれているのは、このことと決して無関係ではないのです。

九　九

1×1=1	3×1=3	5×1=5	7×1=7	9×1=9
1×2=2	3×2=6	5×2=10	7×2=14	9×2=18
1×3=3	3×3=9	5×3=15	7×3=21	9×3=27
1×4=4	3×4=12	5×4=20	7×4=28	9×4=36
1×5=5	3×5=15	5×5=25	7×5=35	9×5=45
1×6=6	3×6=18	5×6=30	7×6=42	9×6=54
1×7=7	3×7=21	5×7=35	7×7=49	9×7=63
1×8=8	3×8=24	5×8=40	7×8=56	9×8=72
1×9=9	3×9=27	5×9=45	7×9=63	9×9=81
2×1=2	4×1=4	6×1=6	8×1=8	
2×2=4	4×2=8	6×2=12	8×2=16	
2×3=6	4×3=12	6×3=18	8×3=24	
2×4=8	4×4=16	6×4=24	8×4=32	
2×5=10	4×5=20	6×5=30	8×5=40	
2×6=12	4×6=24	6×6=36	8×6=48	
2×7=14	4×7=28	6×7=42	8×7=56	
2×8=16	4×8=32	6×8=48	8×8=64	
2×9=18	4×9=36	6×9=54	8×9=72	

インドで教える2けたの九九

10×10＝100	12×10＝120	14×10＝140	16×10＝160	18×10＝180
10×11＝110	12×11＝132	14×11＝154	16×11＝176	18×11＝198
10×12＝120	12×12＝144	14×12＝168	16×12＝192	18×12＝216
10×13＝130	12×13＝156	14×13＝182	16×13＝208	18×13＝234
10×14＝140	12×14＝168	14×14＝196	16×14＝224	18×14＝252
10×15＝150	12×15＝180	14×15＝210	16×15＝240	18×15＝270
10×16＝160	12×16＝192	14×16＝224	16×16＝256	18×16＝288
10×17＝170	12×17＝204	14×17＝238	16×17＝272	18×17＝306
10×18＝180	12×18＝216	14×18＝252	16×18＝288	18×18＝324
10×19＝190	12×19＝228	14×19＝266	16×19＝304	18×19＝342
11×10＝110	13×10＝130	15×10＝150	17×10＝170	19×10＝190
11×11＝121	13×11＝143	15×11＝165	17×11＝187	19×11＝209
11×12＝132	13×12＝156	15×12＝180	17×12＝204	19×12＝228
11×13＝143	13×13＝169	15×13＝195	17×13＝221	19×13＝247
11×14＝154	13×14＝182	15×14＝210	17×14＝238	19×14＝266
11×15＝165	13×15＝195	15×15＝225	17×15＝255	19×15＝285
11×16＝176	13×16＝208	15×16＝240	17×16＝272	19×16＝304
11×17＝187	13×17＝221	15×17＝255	17×17＝289	19×17＝323
11×18＝198	13×18＝234	15×18＝270	17×18＝306	19×18＝342
11×19＝209	13×19＝247	15×19＝285	17×19＝323	19×19＝361

親子で一緒にテレビを見るより、百ます計算を競え

学校から帰ってくるなりテレビのスイッチをつけ、夕方、あるいは夜になってもずっとそのまま画面にかじりついている子どもが増えています。

とはいっても特に見たい番組があるわけではなく、「ただなんとなく」画面をながめていたり、ビデオやゲームで無意味に時間をつぶしていることがほとんどです。

学校から帰って予習・復習をしたり、塾に通って勉強している子どもたちと比べれば、やがて天と地ほどの差がつくことは明らかです。「勝ち組」と「負け組」は、すでに小学校低学年のうちから分化が始まっています。

「バラエティ番組は子どもの思考力を奪い、低い価値観を植えつけるメディア」と私は思っています。テレビを見て脳をスポイルする時間があるなら、10分でも20分でも、算数や国語の勉強をさせるべきです。

とはいえ、テレビを見る習慣がついてしまった子に、「部屋に行って勉強しなさい！」と今さら言っても聞かないでしょう。

また、親がテレビを見ながらそれを言っても、説得力はまったくありません。

子どもに勉強グセをつけさせたいなら、子どもが帰ってくる前にテレビを消して、「一緒に勉強しよう」と誘いかけるのが一番です。

国語の本を一緒に音読してもいいですし、その日に習ったことを、教科書やノートを開いて子どもに説明させてもいいでしょう。「一度習ったことを、自分の口を通して人に教える」という学習法は、「習ったことの理解度が深まってしっかり身につくうえに、わからなかったところがわかる」というメリットがあります。

学校で理解できなかったことについては、その場で親が説明してやりましょう。その日のうちにフォローしておけば、「授業についていけず、落ちこぼれる」ということは、低学年のうちならば絶対にありません。

勉強ぎらいな子には、ゲーム感覚で楽しめる百ます計算（前述63ページ）を親子で一緒にやるのもおすすめです。

実際にやってみるとわかりますが、何回もタイムを競いながらやっているうちに、子どもはどんどん早く計算できるようになります。最初のうちは親が勝っても、あっという間に子どもに抜かれてしまうでしょう。

そこですかさず、「○○ちゃんはすごいね！　お母さんより早く計算ができるなんて」とほめてやるのです。子どもは得意になって、「もっと、もっと」と先に進むようになるでしょう。

兄弟がいるなら、ゲーム感覚でタイムを競わせるのもいいでしょう。競争心が刺激され、勉強に必要な「負けずぎらい」の気持ちが育ちます（ただし、年上の子が負けてしまった場合は、「大丈夫、本気を出せばお前が勝つ」など、母親のフォローが必要です）。

そうやって繰り返し計算トレーニングを積むことで、子どもの計算能力は飛躍的に上昇します。

小学校低学年のうちにスピーディな計算力が身につけば、「自分は賢い」と自信がつきますし、テストや受験のとき、問題が短時間で解けるようになり、高得点にもつながります。

もうひとつ、家の中に知的な環境を作っておくことも忘れてはいけません。

子どもというのは、自分の置かれた文化的な背景を敏感に察知するものです。居間の中心にテレビやテレビゲームしかないと、「テレビは楽しいものだ」と思い込み、子どもの関心はそちらに走ります。

子どもは親の背中を見て育ちますから、親が読書している姿や、趣味に打ち込む姿をどんどん見せましょう。知的なものに対するあこがれや尊敬心が芽生えます。

私が子どもの頃、「うちの親戚のあそこの家は、兄弟3人とも東大に合格した。立派だなあ」と父からよく聞かされたものです。

子ども心に、「東大に入るのはかっこいいな」「東大に入ると人からほめてもらえるんだな」と、知に対するあこがれと尊敬心が芽生えたことを覚えています。

「頭がいいのは絶対的な善」という価値観を早いうちに子どもに教えることは、「親の義務」でもあると思います。

漢字は学年の初めに1年分を覚えさせよ

小学校低学年のうちに、本をたくさん読ませるのはとてもいいことです。想像力が刺激されるうえに読解力がつきますし、感想文を書けば作文力もつきます。

ただし、漢字が読めなくてはお話になりません。多少しんどくても、基礎レベルの漢字はなるべく早いうちに、なるべくたくさん覚えさせましょう。

学年の初め、つまり4月中に1年分を覚えさせるのが目安ですが、もし可能なら、その先の学年で習う漢字を一緒に覚えてしまっても問題ありません。どうせ、いずれは覚えなくてはいけないのですから。

学習漢字は小学1年なら80字、2年は１６０字、3年は２００字程度ですから、少しがんばれば、意味記憶（いわゆる単純暗記）が得意な子どもは意外にすらすら覚えてしまうものです。

早く覚えてしまえば、国語だけでなく他の科目の教科書や参考書を読むのがラクになりますし、一足早く人より先のステップに進む「先行逃げ切り型」の勉強法も可能になります。

覚えるときは、「教科書に出てきた漢字をそのつど」では効率が悪いので、意味記憶が得意な間は「覚える時期を決めて一気に」がおすすめです。

集中的に覚えるのは「覚え方を覚える」訓練にもなり、将来のテストや受験のときにとても役立ちます。

いちばんやりやすいのは、関連性の高い漢字をまとめて覚える方法です。

たとえば1年生の漢字なら、「赤」「青」「白」、さらに2年で習う「黒」も取り混ぜて「色」でひとくくりにしたり、「天」「空」「月」「夕」など「天体」でひとくくりにするなど、カテゴリー別にすると覚えやすくなります。

あるいは「空から雨がふって草花がうるおい、木が大きく育って林や森になりました」など、ひとつの文章で覚えさせるのもいいでしょう（注・「育」は小3で習う漢字ですが、小1のうちに覚えさせてもまったくかまいません）。

わが家の場合は、同じ漢字に別の漢字を組み合わせる「熟語暗記法」も取り入れました。

たとえば「名」という字なら、「名人」「名手」「名文」「名目」「町名」「本名」などの熟語を作り、国語辞典で意味を引かせながら覚えさせたのです（この例題だけでも、小学1年に覚える漢字が7つ、一気にクリアできます）。

辞典の引き方を覚えながら熟語の意味を知り、さらに一度に2つの漢字を覚えることもでき、一石二鳥、三鳥の効果が出ました。

気をつけたのは、漢字の書き取りです。うちの娘は左利きのせいか、偏《へん》と旁《つくり》を左右逆に書くことが多かったので、私や妻がそのつど直していきました。

書き順なども1回間違えて覚えてしまうとなかなか直しにくいので、親がそばについて、チェックしてやるといいでしょう。

学年別漢字配当表（1～2年まで）
（「小学校学習指導要領」文部科学省　平成16年1月20日改訂）

第一学年（80字）

一	右	雨	円	王	音	下	火	花	貝	学	気	九	休	玉	金
空	月	犬	見	五	口	校	左	三	山	子	四	糸	字	耳	七
車	手	十	出	女	小	上	森	人	水	正	生	青	夕	石	赤
千	川	先	早	草	足	村	大	男	竹	中	虫	町	天	田	土
二	日	入	年	白	八	百	文	木	本	名	目	立	力	林	六

第二学年（160字）

引	羽	雲	園	遠	何	科	夏	家	歌	画	回	会	海	絵	外
角	楽	活	間	丸	岩	顔	汽	記	帰	弓	牛	魚	京	強	教
近	兄	形	計	元	言	原	戸	古	午	後	語	工	公	広	交
光	考	行	高	黄	合	谷	国	黒	今	才	細	作	算	止	市
矢	姉	思	紙	寺	自	時	室	社	弱	首	秋	週	春	書	少
場	色	食	心	新	親	図	数	西	声	星	晴	切	雪	船	線
前	組	走	多	太	体	台	地	池	知	茶	昼	長	鳥	朝	直
通	弟	店	点	電	刀	冬	当	東	答	頭	同	道	読	内	南
肉	馬	売	買	麦	半	番	父	風	分	聞	米	歩	母	方	北
毎	妹	万	明	鳴	毛	門	夜	野	友	用	曜	来	里	理	話

学年別漢字配当表（3〜4年まで）
（「小学校学習指導要領」文部科学省　平成16年1月20日改訂）

第三学年（200字）

悪	安	暗	医	委	意	育	員	院	飲	運	泳	駅	央	横	屋
温	化	荷	界	開	階	寒	感	漢	館	岸	起	期	客	究	急
級	宮	球	去	橋	業	曲	局	銀	区	苦	具	君	係	軽	血
決	研	県	庫	湖	向	幸	港	号	根	祭	皿	仕	死	使	始
指	歯	詩	次	事	持	式	実	写	者	主	守	取	酒	受	州
拾	終	習	集	住	重	宿	所	暑	助	昭	消	商	章	勝	乗
植	申	身	神	真	深	進	世	整	昔	全	相	送	想	息	速
族	他	打	対	待	代	第	題	炭	短	談	着	注	柱	丁	帳
調	追	定	庭	笛	鉄	転	都	度	投	豆	島	湯	登	等	動
童	農	波	配	倍	箱	畑	発	反	坂	板	皮	悲	美	鼻	筆
氷	表	秒	病	品	負	部	服	福	物	平	返	勉	放	味	命
面	問	役	薬	由	油	有	遊	予	羊	洋	葉	陽	様	落	流
旅	両	緑	礼	列	練	路	和								

第四学年（200字）

愛	案	以	衣	位	囲	胃	印	英	栄	塩	億	加	果	貨	課
芽	改	械	害	街	各	覚	完	官	管	関	観	願	希	季	紀
喜	旗	器	機	議	求	泣	救	給	挙	漁	共	協	鏡	競	極
訓	軍	郡	径	型	景	芸	欠	結	建	健	験	固	功	好	候
航	康	告	差	菜	最	材	昨	札	刷	殺	察	参	産	散	残
士	氏	史	司	試	児	治	辞	失	借	種	周	祝	順	初	松
笑	唱	焼	象	照	賞	臣	信	成	省	清	静	席	積	折	節
説	浅	戦	選	然	争	倉	巣	束	側	続	卒	孫	帯	隊	達
単	置	仲	貯	兆	腸	低	底	停	的	典	伝	徒	努	灯	堂
働	特	得	毒	熱	念	敗	梅	博	飯	飛	費	必	票	標	不
夫	付	府	副	粉	兵	別	辺	変	便	包	法	望	牧	末	満
未	脈	民	無	約	勇	要	養	浴	利	陸	良	料	量	輪	類
令	冷	例	歴	連	老	労	録								

学年別漢字配当表（5〜6年まで）
（「小学校学習指導要領」文部科学省　平成16年1月20日改訂）

第五学年（185字）

圧	移	因	永	営	衛	易	益	液	演	応	往	桜	恩	可	仮
価	河	過	賀	快	解	格	確	額	刊	幹	慣	眼	基	寄	規
技	義	逆	久	旧	居	許	境	均	禁	句	群	経	潔	件	券
険	検	限	現	減	故	個	護	効	厚	耕	鉱	構	興	講	混
査	再	災	妻	採	際	在	財	罪	雑	酸	賛	支	志	枝	師
資	飼	示	似	識	質	舎	謝	授	修	述	術	準	序	招	承
証	条	状	常	情	織	職	制	性	政	勢	精	製	税	責	績
接	設	舌	絶	銭	祖	素	総	造	像	増	則	測	属	率	損
退	貸	態	団	断	築	張	提	程	適	敵	統	銅	導	徳	独
任	燃	能	破	犯	判	版	比	肥	非	備	俵	評	貧	布	婦
富	武	復	複	仏	編	弁	保	墓	報	豊	防	貿	暴	務	夢
迷	綿	輸	余	預	容	略	留	領							

第六学年（181字）

異	遺	域	宇	映	延	沿	我	灰	拡	革	閣	割	株	干	巻
看	簡	危	机	揮	貴	疑	吸	供	胸	郷	勤	筋	系	敬	警
劇	激	穴	絹	権	憲	源	厳	己	呼	誤	后	孝	皇	紅	降
鋼	刻	穀	骨	困	砂	座	済	裁	策	冊	蚕	至	私	姿	視
詞	誌	磁	射	捨	尺	若	樹	収	宗	就	衆	従	縦	縮	熟
純	処	署	諸	除	将	傷	障	城	蒸	針	仁	垂	推	寸	盛
聖	誠	宣	専	泉	洗	染	善	奏	窓	創	装	層	操	蔵	臓
存	尊	宅	担	探	誕	段	暖	値	宙	忠	著	庁	頂	潮	賃
痛	展	討	党	糖	届	難	乳	認	納	脳	派	拝	背	肺	俳
班	晩	否	批	秘	腹	奮	並	陛	閉	片	補	暮	宝	訪	亡
忘	棒	枚	幕	密	盟	模	訳	郵	優	幼	欲	翌	乱	卵	覧
裏	律	臨	朗	論											

子どもに必要な4種の神器《じんぎ》

21世紀は高度情報化社会とされています。テレビをつければたくさんの情報があふれていますが、本来、情報とは「与えられる」ものではなく、自分の意志で「取りに行く」もの。必要な情報とそうでない情報を自分できちんと見分ける目を養っておかないと、将来、間違った情報に振り回されたり、本当に必要な情報を手に入れることができなくなってしまうおそれがあります。

「何でも自分で調べるクセ」をつけさせるため、わが家では、子どもが小さいうちに次のような「情報アイテム」をそろえました。

①辞書
②図鑑
③地球儀

④地図帳

ものごとの正しい意味を調べたり、絵や写真で姿、形状を知りたいときは、辞書や図鑑が欠かせません。もちろんパソコンで調べることもできますが、インターネットはあらゆる場所から情報が発信されているため、間違った情報や不確実な情報も多々あります。

その点、大手の出版社から発行された信頼性の高い本なら信用できますし、いつでも何度でも、そのつど手軽にページをめくって確認することができます。

地球儀や地図帳は、グローバルな感覚を養うのに必要不可欠なものです。

子どもは世界の国の名前や国旗に関心を持ちますし、「アメリカってどこにあるの？」「南極ってどこ？」と位置関係も知りたがります。

地球儀を回せばそれらの疑問がすぐに解決しますし、地図帳を開けばよりくわしい情報を得ることができます。

わが家ではリビングに地球儀を置き、「アメリカ」「イラク」「北朝鮮」など、ニュースでよく耳にする国を指さしながら、タイムリーな解説をしてやります。

日本との位置関係が三次元的に理解できるので、子どもにとっては興味深く、理解しやすいようです。

最近では海外の国名のみならず、国内の47都道府県も言えないような子どもが増えていますが、ふだんから地図帳に親しんでいる子なら、位置関係をきちんと把握して、平均気温や特産物など、各地の特色までも理解できるようになるでしょう。

これは学生時代のみならず、社会に出てからも大きなメリットになります。

ちなみに、うちにはプレイルームにパソコンも置いてあります。

誰が教えたわけでもないのに子どもたちは勝手にいじって立ち上げ、すぐに使い方を覚えてしまいました。「パソコンはむずかしい」と大人はよくいいますが、実は「習うより慣れよ」の一ツールに過ぎません。

チャットやメールにはまってはいけないので子ども部屋には置いていませんが、たまに息抜きにゲームをしたり、インターネットで自分がめざす学校のホームページをのぞくなど、子どもなりに上手に利用しているようです。

47都道府県を漢字で書き込めますか?

勉強時間は「学年×20分」が目安

私が主宰する「緑鐵《りょくてつ》受験指導ゼミナール」や「学力向上！　親の会」には、「子どもにはいったい何時間、勉強させたらいいでしょう？」という質問がよく寄せられます。

「何時間でも、子どもが望むだけ勉強させてください」とお答えするのですが、基本的には「学年×20分」が目安になると思います。

たとえば小学２年なら２×20分＝40分、３年なら３×20分＝60分、６年なら６×20分＝１２０分、つまり２時間になります。

ちなみに、中学１年は小学校に換算すると「７年生」ですから７×20分＝１４０分（２時間20分）、中学２年は８×20分＝１６０分（２時間40分）、中学３年は９×20分＝１８０分（３時間）です。

高校1年は10×20分＝２００分（3時間20分）、高校2年は11×20分＝２２０分（3時間40分）、高校3年は12×20分＝２４０分（4時間）で、東大を受験する際も、このくらいの時間を一応の目安にしてください。

まだ勉強する習慣がついていない小学1年の子どもに対しては、「生活習慣のひとつ」として、毎日の生活の中に勉強を取り入れましょう。

食事前の手洗いや食後の歯磨き、入浴や着替えなどと同じように、勉強も「生活に欠かせない習慣」として取り込んでしまうのです。

勉強のやり方がわからない低学年のうちは、歯磨きを指導するのと同じように、親がついて見てやります。

大切なのは、時間を決めて「机に向かうクセ」をつけること。一緒にゲームをする感覚で書き取りや音読、計算に取り組みながら、「勉強するのは当たり前のこと」「勉強しないとバカになる」「勉強のできる子はかっこいい」と、子どもの心にしっかり「刷り込んで」ください。

「お前はできる」と暗示をかけよ

子どもの学力を伸ばすのに最も効果的なマジックは、親が「ほめる」ことです。

「こんなに難しい問題がよく解けたね」「うちは先祖代々、頭のいい家系なのだ」「お前はやればすごくできる子だ」とほめてやると、たとえ実際にはビリに近いような成績でも、子どもは「自分は本当は頭がいいに違いない」と思い込み、一生懸命勉強するようになります。

私も子どもの頃、そのように母親から「暗示」をかけられました。

「お前は本当に頭がいい。やっぱり、うちの血筋だね」

「うちは今はこんな暮らしをしてるけど、戦争で家が焼けさえしなければ、世が世ならお前は……」

それが本当の話かどうかは別として、私は子ども心に、母親の言葉によって妙なプライドと自信が備わったことを覚えています。

たとえ根拠のないプライドでも、何かつらいことが起こったとき、それが子どもにとって「生きる力」になることがしばしばあります。

小学校4年生くらいまで勉強のできなかった弟に対しても、母親は絶対に、「どうせお前なんか」とか「お兄ちゃんは勉強ができるのに、どうしてお前はできないの」などとはひとことも言いませんでした。

万が一それを言われていたら、弟はその時点でやる気をなくし、「やーめた！」と勉強を放棄していたと思います。

どんなに成績が悪くても、自分を「バカ」とか「劣等生」などと認めたがる子どもは一人もいません。心のどこかで、「自分だって、やればきっとできる」というプライドと意地があるのです。

「お母さんは、お前ができる子だと思ってる」

これが、わが子をやる気にさせる魔法の言葉なのです。

本当に子どもがかわいいなら「鬼」になれ

「勉強ばかりしていると性格がゆがむ」
「勉強できる子は冷たい性格」
「いい成績を取るより、友達が多いほうが大切」

これが、今の多くの人たちの「常識」になっているようですが、とんでもありません。

最近の親はとかく「たとえ勉強ができなくても、性格さえよければそれでいい」と考えがちで、自分の子が周囲から浮いてしまうことを極端にこわがる人が少なくありません。

けれど、これは子どもにとって荷の重いことです。

誰だって、体験の少ない子どものうちから「いい子」になれるわけがありません。

子どもというのは、ある時期までわがままで自分勝手なのが当たり前です。

友達とケンカしたり、仲直りしたり、グループから離れたり、また新しい友達を見つけるなど、さまざまな訓練を経てはじめて人づきあいがうまくなるのですから、最初から「いい子」でいてもらう必要など、どこにもないのです。

むしろ、「みんなと仲良くしなさい」という親の言葉がプレッシャーとなり、「仮面いい子」になったり、イヤなことをイヤとはっきり言えない子、「その他大勢」に埋もれて安心する子になるおそれがあります。

今の日本では、「勉強ができることより、いい子でいることのほうが大事」という風潮があります。

同級生にうわさされたり、いじめにあうのがイヤで、「隠れキリシタン」のようにこっそり勉強する子もいるそうです。

これは本末転倒ではないでしょうか。子どもは本来、勉強するのが本分であり、「いい子」でいることが本分なのではありません。

実は私は小学生の頃、「弁《べん》が立つ」「はっきりものを言う」「勉強ばかりしている」などと言われ、友達がほとんどいませんでした。

一人寂しく学校から帰ってくる私に、ある日、母親はこう言いました。

「あの子たちはお前の頭のよさをひがんでいるのだから、気にしなくていい。どうせ中学校へ行けばあの子たちと別れるし、違う友達ができるから安心しなさい。ひどいことを言われて悔しかったら、もっともっと勉強して偉くなって、将来、あの子たちを見返してやればいい」

普通の母親なら「できるだけみんなと仲良くしなさい」「自分を押さえて、とけ込む努力をしなさい」というかもしれませんが、私の母は違いました。

「勉強がきらいなあの子たちは、いずれ大きくなったら雇われる側になる。そんな子たちにかまわず、お前はいい大学に入ってお金を稼ぐ能力を身につけて、あの子たちを雇う側になりなさい」と、きっぱり言い切ったのです。

理想より現実を重視するのは、母親が大阪人だったせいもあるかもしれませんが、子ども心に、「これは正論だ！」と思いました。

「アメリカは99パーセントの負け組と、１パーセントの勝ち組で構成されている。その１パーセントの多くはユダヤ人が占める」という事実をご存じでしょうか？

ユダヤ人の母親は「ジューイッシュ・マザー」と呼ばれ、その全存在をかけて、子どもたちに猛烈に勉強をさせることで知られます。

ユダヤ人の子どもたちは、「何のために勉強するの？」と聞かれたら、「将来、金持ちになるため」と答えるそうです。ユダヤ人の母親は「貧乏になるのがいやだったら、勉強しなさい。そして、お金より大切なのは、いつでも稼げる頭を作ることよ」と言い聞かせながら子どもを育てるのです。

私の母親も、「いつ解雇されるかわからないサラリーマンになるより、自分で稼げるライセンスを持ちなさい」と私に言い続けてきました。

この価値観は、正しいと思います。誰だって、使われる側になるより使う側になったほうがいいですし、お金がないより、あったほうがいいに決まっています。

たとえ「勉強のしすぎ」で性格が悪くなったとしても（そんなことはあり得ないのですが）、性格というのは経験や環境によっていくらでも変わりますから、小さいうちから気にする必要などまったくないのです。

むしろ、勉強をする人間は「知」に対するあこがれや尊敬心を持つようになりますから、強い上昇志向を抱き、第一線で活躍する人や成功している人を敬うため、目上から取り立てられることが多いのです。

逆に勉強しないまま大きくなると、忍耐力や向上心、ものごとを深く考える力に欠けるため、うまく社会生活に適応できず、苦労を重ねるうちに性格がねじれたり、ゆがんだりするケースが少なくありません。

「協調性はあるけど貧乏」と、「わが道を行くお金持ち」と、あなたはわが子にどちらの道を選ばせますか？　長い人生において、どちらが幸せになる確率が高いでしょう？

　これからの日本もアメリカと同様、「１パーセントの勝ち組と99パーセントの負け組」にはっきり分かれる時代がやってきます。

　わが子を幸せにしたいなら、他人が何と言おうと、今のうちからしっかり勉強させて、「勝ち組」に入れておいたほうが絶対にトクなのです。

子どもの闘争心は早いうちに引き出せ

周囲との摩擦をおそれて競争や闘いを避け、「右へ習え」するタイプを「シゾフレ人間」、他人の思惑を気にせず、何事も自分中心に考えて行動するタイプを「メランコ人間」と私は呼んでいます。〔詳しく知りたい方は、拙著『痛快！心理学』（集英社インターナショナル）、『幸せになる嫉妬　不幸になる嫉妬』（主婦の友社）などを参照してください〕

最近は大人、子どもを問わず、「みんなと同じならそれでいい」「一人だけ目立つのは恥ずかしい」「集団から浮いてはいけない」と考えるシゾフレ人間が激増しています。特に1965年生まれ以降から、このタイプが主流になってきているようです。「私は私。他人からどう思われようと、自分のやりたいことをやる！」という主体性が消え、かわりに「そのうち誰かやってくれるから、待っていよう」と他力本願になっているのです（結局は、誰もやってくれないことがほとんどですが）。

シゾフレ人間は協調性に富み、誰にでも自分を合わせることができますが、その反面、人との摩擦をおそれて闘いを避ける傾向があります。その結果、ＯＬやサラリーマンなら従順な「ワン・オブ・ゼム（その他大勢）」になりますし、子どもなら「主張のない子」になり、シゾフレ度が高い場合は、何をされても怒らないのを逆手に取られ、いじめの対象になることもあります。

子どもを「勝ち組」に入れたいなら、小さいうちに子どもの競争心や闘争心を引き出してやらねばなりません。人間というのは幼い頃に本気を出して誰かと闘い、「勝ってうれしい」という経験がないと、前向きに努力する力が備わりません。

万が一「勝利体験」がないまま成長すると、「自分は勝ったことがないから」と、トライする前にあきらめてしまう無気力型の人間になってしまいます。

いちばんいいのは、小学校低学年のうちに「１番」を取らせること。書き取りでも算数でも、「１番」を取ることで自分に自信がつき、「自分は勝った！」「この座は誰にも譲らない！」という原初的な闘争本能に火がつくのです。子ども時代に限らず、「勝ち組」に入れるかどうかは、「闘争心のある・なし」で決まります。

最近の世論では「１番になるより、がんばった過程を認めるべきだ」という意見が少なくありません。けれど、私はそれには反対です。

日本はオリンピックで２番、３番の選手を「よくがんばった」「偉い」と盛んにほめ、テレビやＣＭなどに登場させますが、そうやって中途半端にほめている限り、これからますます日本は金メダルの獲得数が少なくなっていくと思います。

もちろん銀メダル、銅メダルも大切かもしれませんが、オリンピックの本来の目的は金メダル。少なくとも国別の順位は金メダルの数で決まります。

ハードルを下げて自己満足で終わっていては、世界の勝ち組にどんどん差をつけられていくばかりです。「勝ち負けにこだわりすぎてはいけない」という意見ももっともですが、安易な妥協は甘えを生むだけ。伸びる余地のある者をスポイルして、１番への可能性をつみ取ってはいけないと思います。

どんな方法を使ってでも「1番」を取らせよ

「1番の経験が大切」とはいっても、どうがんばっても100点が取れない子の場合は、どうすればいいでしょう？

そのままムリにやらせて「やっぱり自分はダメなんだ」と思い込むようになっては大変です。自信がなくなって勉強ぎらいになり、問題集を開くのもイヤになってしまうでしょう。

その場合は少し戻ってレベルを落とし、「必ず満点が取れる問題」をやらせればいいのです。満点を取ったときの快感がプライドに変わり、そのプライドがやる気のもとになるからです。

単純な計算問題でも、子どもが得意な漢字の書き取りでもいいでしょう。とにかく毎回満点を取らせることで、子どもの自信は復活します。

そこですかさず「○○ちゃんはやっぱりすごいね。満点が取れるなんて、たいしたものだ」と親がほめてやれば、子どもはその気になるものです。

テレビゲームなどに夢中になり、机に向かわない子に対しては、「仕方ないわね」などと親が妥協してはいけません。

有無を言わさずスイッチを消し、子どもを強制的に机に向かわせるべきです。

「何のために勉強しなくちゃいけないの?」と聞かれたら、「将来、あなたがお金に困らないため」とはっきり教えてあげましょう。

親がかわいいわが子に勉強させるのは当たり前。わが子のためを思うなら、中途半端な妥協は禁物です。

親はある種の強制力を持って子どもに勉強させるべき、と私は思います。

「たとえイヤでも、やらなくてはいけないことがある」

これを子ども時代にきちんと覚えさせておかないと、将来、社会人になってから困るのは子ども自身なのです。

最後の最後までわが子を信じよ

小学校1、2年のうちは、子ども同士の間で学力の差はほとんど目立ちません。どの子も「ドングリの背比べ」と考えていいでしょう。

けれど小学校3年くらいになれば、学校から返ってきたテストを見たり、子どもの勉強を見てやるうちに、わが子がだいたいどのあたりに位置しているのか、おおよそわかってきます。

このとき、たとえビリに近い成績を取っていたとしても、親は「どうしてこんなにできないの」とグチをこぼしたり、あきらめたりしてはいけません。

子どもにとって最後の砦である親がやる気をなくすと、子どももやる気をなくします。「親があきらめたその時点でゲームオーバーになる」と考えてください。

最近のお母さん、お父さんはシゾフレ度が高いせいでしょうか、あきらめが早く、

「自分も勉強は苦手だったから」「私たちの子どもではこれが限界」「これ以上望むのはかわいそう」などと、安易に妥協しがちです。

けれど、これは非常にもったいないことです。

私自身の経験からも確かなことなのですが、勉強の出来・不出来は「素質」や「遺伝子」で決まるのではなく、「やり方」ひとつにかかっています。

「このやり方でダメならあのやり方を試してみよう、あのやり方でダメなら別の方法で試してみよう」というねばり強い試行錯誤によって、子どもの成績は地獄から天国へと劇的に変化します。

また、受験というのは「頭の良し悪し」を測るものではなく、「決められた時間内にどれだけ効率よく点数を稼げるか」という情報処理ゲームに過ぎません。

性格的によほどの問題があるか深刻な健康トラブルでもない限り、コツと要領さえつかんでしまえば、誰でも東大に合格する可能性はあるのです。

最後の最後まで、「できるはず、伸びるはず」とわが子を信じましょう。

「勉強はサバイバル」と心得よ

「戦後と違って豊かな時代なのだから、ガツガツ勉強しなくても生きていける」

そう言って、自分の子どもを「のびのび」育てている人がいます。けれど、もしわが子が本当にかわいいのであれば、口がさけてもそんな悠長なことは言っていられないと思います。

中産階級が姿を消した今、「お金持ち」と「貧乏人」の差はますます大きく広がりつつあります。世の中を牛耳っているのは明らかに「お金持ち」ですし、税制など世の中のしくみも明らかに「お金持ち」に有利なように改革されています。

世の中は、「お金持ち」を中心に回っているのです（これは何も、日本に限ったことではありません）。「お金持ち層」に食い込むには、一生懸命に勉強する以外ありません。

これからの子どもたちは中学、高校、大学受験を勝ち抜き、「のし上がる実力」を体得してはじめて、「お金持ち層」の門の前に立つことができるのです。

誰もはっきりとは言いませんが、この社会には、「勝ち続けなければ幸せになれない」という暗黙のルールがあります。人生はますますシビアな勝ち抜き戦になりつつあります。

戦いに勝つには、「賢いこと」が絶対条件です。頭は放っておいては絶対によくなりませんから、勉強しなくてはなりません。「勉強ができるかどうか」は、脳の情報処理システムの基本が構築される、小学校3年までに大きく影響されます。

「子どもが利口になるかバカになるかの臨界点は小学校3年まで」

勉強ができなくても幸せに生きられる世の中なら、どんなに楽なことでしょう。けれど現実問題として、この世の中で確実に幸せをつかむためには、「勝ち組」に入らなくてはなりません。

子どもの勉強とはつまり、「サバイバル力」をつけることにほかならないのです。

第2章

「小4の壁」を乗り越えましょう

「9才の壁」につまずくな

小学校低学年のうちは「ドングリの背比べ」でも、小学校３、４年あたりから、子どもたちの間で徐々に学力の差が開いてきます。なぜならこの時期以降から、低学年とは異なる思考能力が求められるようになるからです。

これはどういうことかというと、たとえば小学校４年の算数では小数や面積、分数が出てきます。今までは「りんご３つにみかんが２つ、全部でいくつ？」と具体的に目に見える物で単純に説明することができたのですが、分数や面積や小数は頭の中で「概念」をイメージしなくてはなりません。

「物事を抽象化する能力」は、９才くらいの子どもにとってはかなり高度な思考法です。これを「９才の壁」と呼びますが、この時点で、できる、できないの個人差がはっきり出てくるのです。

小学校4年の算数問題

右の図は、2つの長方形を重ねたものです。
色のついた部分の面積は何㎠ですか。

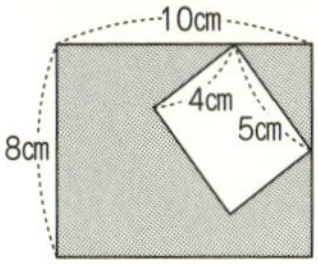

次の数はいくつですか。
(1) 0.1を8こ集めた数
(2) 1を3こと、0.1を6こあわせた数

下の図を見て答えましょう。

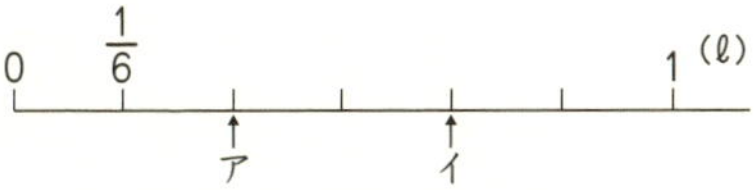

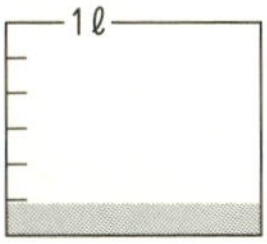

(1) ア、イのめもりは、何ℓを表していますか。
(2) $\frac{1}{6}$ℓの5こぶんは何ℓですか。
(3) $\frac{1}{6}$ℓが何こで、1ℓになりますか。

色をぬりましょう。

(1) $\frac{6}{4}$m

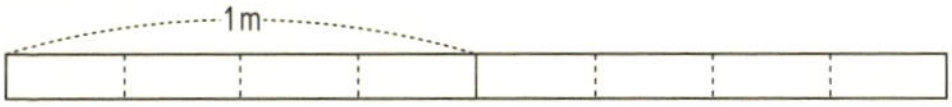

(2) $1\frac{1}{3}$m

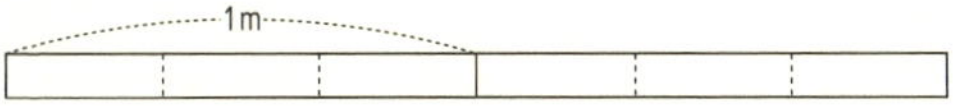

(3) $\frac{3}{2}$ℓ

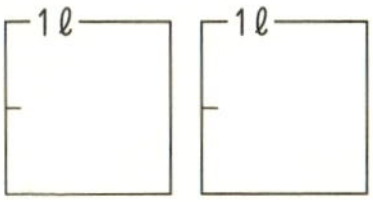

(4) $1\frac{2}{3}$ℓ

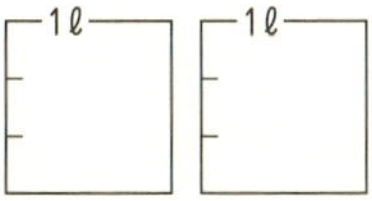

『小学教科書ガイド 東京書籍版 新しい算数4年下』(あすとろ出版)より抜粋

もしあなたの子どもが「分数や面積がわからず、算数がきらいになっている」というなら、そのまま放っておかず、わかるところまで戻って復習させたり、理解できるようにいろいろな図の工夫をしなければいけません。

「どこがわからないか、わからない」というなら、現在の学年にこだわらず、小学校6年なら5年に、5年なら4年に、4年なら3年の教材に戻ります。

算数の思考系統は「木」のようなもの。幹からさまざまなテーマが枝分かれし、徐々に上に伸びていきます。最初は足し算、引き算の枝が伸び、その上にかけ算、割り算の枝、仮分数、さらに今は習わなくなった帯分数の枝というように連なっていきますから、もし分数でつまずいた場合は、その下の枝、つまりかけ算、割り算の枝に戻ればいいのです。

学習系統の枝をさかのぼっていけば、どんな子でも、必ずわかるところまで戻れます。そこからもう一度、順を追って理解していけばいいのです。「わからなければ戻る」という勉強法は、小学生だけでなく、中学生、高校生にも有効です。

算数の答えは暗記させよ

小学生の算数も、高学年になると複雑な文章題が登場します。
たとえば、こんな問題があります。

> りんご7個とメロン1個を買ったら１３５０円でした。
> 同じ店でりんごを3個、メロンを1個買うと、７５０円になるそうです。
> りんごとメロンは、それぞれいくらでしょう。

りんごが4個少ないと６００円安くなるので、６００円÷４個でりんごは1個１５０円。１５０円のりんごを3個買うと４５０円なので、合計金額の７５０円から４５０円を引けば、メロンが1個３００円とわかります。

大人なら少し考えればすぐわかる問題ですが、解き方を知らない子どもは、いつまでもウンウンうなって試行錯誤を繰り返し、時間をムダにしがちです。しまいには頭がヒートアップして、投げ出してしまうこともあります。

そんな場合は、「5分考えさせてから解答を見せる」といいのです。これを「解法暗記」といいます。

私がこの方法を考えついたのは、高校2年の時でした。

灘中に合格したはいいものの、「大学受験まであと6年もある」と中だるみし、中学に入って以来、数学をまったく勉強しなかったせいで、私は中学、高校の授業について行けず、ほとんどビリに近い成績をとっていました。

テストが近いある日、私はテスト対策として、友達の数学のノートをコピーさせてもらいました。そのノートには数学の問題の解き方がわかりやすく書いてあったのですが、それを読んで暗記しているうちに、いつの間にかむずかしい数学の問題集がスラスラ解けるようになっていたのです。

「数学の問題の解法には、いくつか〝お決まりのパターン〟がある！　その〝型〟さえ覚えてしまえば、ほとんどの問題は解ける」と、そのとき初めて気づきました。

りんごとメロンの算数問題

りんご7個とメロン1個を買ったら1350円でした。
同じ店でりんごを3個、メロンを1個買うと、750円になるそうです。
りんごとメロンは、それぞれいくらでしょう。

 ＋  ＝ 1350円

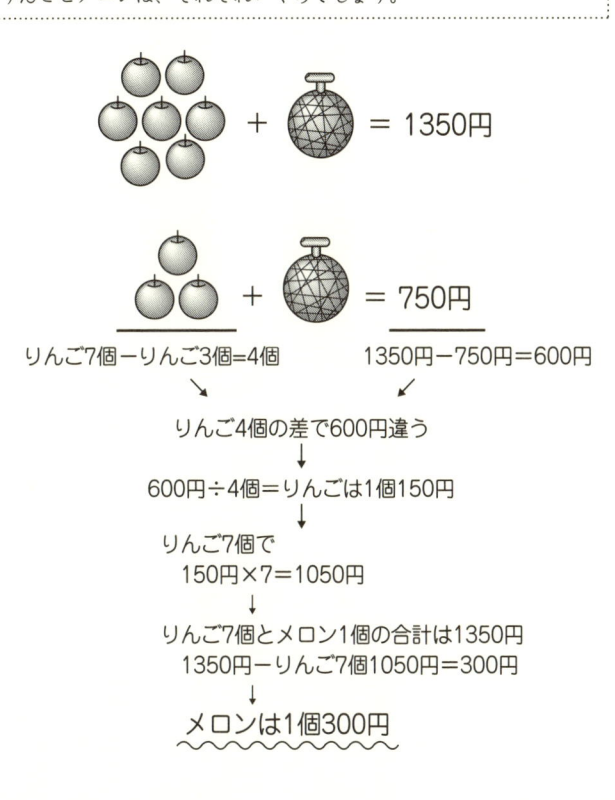

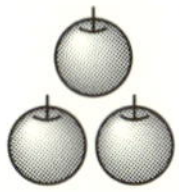 ＋  ＝ 750円

りんご7個－りんご3個=4個　　1350円－750円＝600円

↘　↙

りんご4個の差で600円違う

↓

600円÷4個＝りんごは1個150円

↓

りんご7個で
150円×7＝1050円

↓

りんご7個とメロン1個の合計は1350円
1350円－りんご7個1050円＝300円

↓

メロンは1個300円

そのときから、私の数学の学力はおもしろいほどグングン伸びていきました。

同じく成績が低迷していた弟にもこの「解法暗記」を試してみたところ、数学の成績がびっくりするほどよくなりました。

このことから、「数学はウンウン自力で考えるより、答えを暗記するのが一番の近道だ！」と私は確信したのです。

数学の問題というのは、自分の頭で解ける問題と解けない問題があります。すべて自力ですんなり解けるならいいのですが、解けない問題にいつまでも時間をかけていると、貴重な時間をロスしてしまいます。

「いつまで考えても、できないものはできない」と一定時間が経過したらいさぎよくあきらめ、答えを見て解き方を理解し、解法パターンを覚えて、同じような問題を繰り返し解いて身につけたほうが、ずっと効率がいいのです。

高校生に限らず、小学生の場合もまったく同じです。

特に、これからできるだけたくさんの問題を解いて力をつけなければいけない受験生には、この方法をおすすめします。

勉強というのは、「時間」ではなく「量」に意味があるのです。

5時間勉強しようが6時間勉強しようが、頭の中で堂々めぐりを繰り返しているだけでは、「勉強」になりません。

「劣等生の6時間は優等生の2時間に劣る」という言葉もあります。

算数の学力を伸ばすステップは、次の4つです。

①5分間、じっくり考えさせる
②自力で解けなかったら解答を見せる
③内容を理解させ、解き方の「型」を暗記させる
④同じパターンの問題をいくつも解かせる

この方法を実行すれば、算数の苦手な子でも問題が解けるようになり、算数が好きになるはずです。

方程式を使えばもっと簡単に解ける

実は１２３ページの問題を解くには、もっと簡単なやり方があります。「連立方程式」を使うのです。りんごの値段をX、メロンの値段をYとすれば、

$7X+Y=1350$……①

$3X+Y=750$

$Y=750-3X$……②

①の式に②を代入すれば、

$7X+(750-3X)=1350$

$7X-3X=1350-750$

$4X=600$

$X=150$……③

りんごは１個１５０円となります。③を①の式（②でもよい）に当てはめれば、

$$7\times150+Y=1350$$

$$Y=1350-1050$$

$$Y=300$$

メロンは１個３００円となるわけです。

このように、方程式の立て方と解き方さえ覚えてしまえば、つるかめ算や旅人算などの文章題はあっという間に解けてしまいます。

中学受験では方程式を使って問題を解くのはタブーとされていますが、わざわざ中学まで待たず、小学校の段階で教えてもちっともかまわないと私は思います。

方程式を立てることで論理的な思考力が身につきますし、式が立ってしまえば、あれこれ考えなくても機械的に答えが出てくるので時間の節約になり、とても合理的です。

「文学」を読めば読解力がつくわけではない

最近は子どもの活字離れが進み、本はもちろん、フキダシの漢字にルビをふってある漫画でさえ、読むのをおっくうがるそうです。

テレビを見ればそれなりに情報が得られますし、本に頼らなくても、映画やビデオでいろいろなストーリーを楽しめるからでしょう。

親が本を読まなくなったことも大きいと思います。

実は私自身も、物語や小説を読むのが大の苦手でした（今でも苦手です）。そのため国語の心情読解問題は苦手でしたが、新聞や図鑑はよく読んでいたおかげで、中学入試の国語ではそれほどの苦労はありませんでした。

小説ぎらいになったのは、小さい頃から母親に「本を読みなさい！」と何度も強制されたせいもありますが、やはり根が「理系」なのだと思います。

対して弟のほうは、小学校の時からよく名作物語を読んでいた「文系」でした。私は理Ⅲ、弟は文Ⅰに進んだことから見ても、やはり人それぞれ向き・不向きがあるのだと思います。

ですからお母さんたちは、「子どもの国語の成績を上げるには、まず文学を読ませなければならない」などと決めつけず、本人が興味を示すものを尊重してやるべきだと思います。

ニュースに関心のある子なら小学生新聞を取ってやったり、科学に興味のある子なら図鑑をそろえたり、コンピュータの好きな子ならパソコン雑誌を買ってやれば、知識が増すのはもちろん、本に慣れ、文字を読んで情報を得ることを覚えます。

そうやって「読む訓練」を積んでいるうちに文章を読むことが苦にならなくなり、自然に読解力がついていくのです。

本を読んだら要約させよ

子どもが本を読んだら、要旨をまとめる習慣をつけさせましょう。「その本には何が書かれていたか」を、２００字程度にまとめるのです。それを「要約」といいます。

要約は、論理的な読解力や思考力を鍛えるいいトレーニングになりますし、将来、レポートをまとめるときや小論文を書くとき、あるいは社会人になってから手紙やメール、報告書や企画書をつくるときにも必ず役立ちます。

よく「表現のオリジナリティ」や「心情が豊かに盛り込まれた個性的な文章」にこだわる人がいますが、それよりも大事なのは、「誰が読んでもわかる論理性や客観性のある文章」を書くことです。

小学生のうちは「てにをは」を正しく使い、自分の思ったことを論理的に文章で述べられるようになることが大事で、「個性」はその土台の上に積み上げていけばいい

のです。あまりむずかしく考えず、まずは本人の好きなように、どんどん書かせてみるといいでしょう。書いたものを読めば、「この子は文系」「この子は理系」の判断もつきます。

論理的な文章を書かせるには、最初に問題提起をし（といっても、「最近、○○が話題になっています」程度のレベルで十分です）、その後で自分の意見を述べ、さらにデータなどを加えて補足説明し、最後に結論をまとめる訓練をするといいでしょう。

この基本パターンさえ覚えてしまえば、どんなに長い文章でもそれなりにまとめられるようになります。

「書く力」というのは一朝一夕で上達するものではなく、何回も訓練して初めて身につきます。この手のトレーニングは、小学校の高学年であれば十分に可能なものです。できるだけ早めに始めましょう。

塾に通えないなら、「自宅テスト」の習慣を

今の学校は生徒を評価する際、ペーパーテストの結果よりも「生きる力」の「観点別評価」、つまり「関心・意欲があり、態度がいいか悪いか」「技能・表現が十分できるか」「知識・理解があるか」などを重視しているので、教師の主観を含む評価になっています。

これでは「一見やる気があるように見える子」「教師受けのする子」を作りはしても、本当の学力を身につけさせることはできません。

現在、世界各国で教育改革が行われ、子どものペーパーテスト学力の向上が急務とされているなか、「生きる力」などというあいまいなもので子どもたちを評価しているのは日本だけです。

受験に限らず資格試験、司法試験、国家公務員試験など、子どもたちが将来受ける試験は、ほぼすべてペーパーテストで実施されますから、子どもの頃からテストで高得点を取る訓練を積んでいないと、「勝ち組」には入れません。

賢い親たちはそのことを知っており、特に都会の中高一貫校をめざす場合は、小学校4年生くらいから子どもを進学塾に通わせ、ペーパーテストの実力をつけさせます。

その結果、ますます「できる子」と「できない子」の学力の差が開いていくわけです。

塾のメリットは3つあります。

①宿題をたくさん出すので中だるみしない

②ペーパーテストがある

③能力別クラス編成のため、子どもがあせって勉強する

内容的には、「ものすごく高度なこと」をやっているわけではありません。むしろ、「それほどたいしたことはやっていない」というのが私の実感です。

「遊びに費やす時間を強制的に勉強に回すことになる」「まわりの子どもが勉強しているから、イヤでも勉強するようになる」。それが、塾の最大のメリットと考えていいでしょう。

「地元にはいい塾がない」「塾に通わせるお金がない」という場合は、ムリに塾に固執せず、親が自宅で勉強を見てやればいいのです。小学校くらいのカリキュラムなら、教科書や参考書をきちんと読めば、親が子どもに説明してやることは十分に可能です。

市販の問題集を買ってきて、曜日を決めて本番の試験のように時間を計り、テストさせてもいいでしょう。通信教育を利用するのもいい方法だと思います。

テストで１００点を取ったら、子どもをうんとほめてやりましょう。

逆に悪い場合は、あまりしかりすぎないのがコツです。取ってしまった点は今さら変えられませんし、親が結果にばかりこだわってガミガミ言うと、テスト嫌いになるおそれもあります。

ただし、「テストで悪い点を取ったにもかかわらず居直る、反省しない」「間違えたところを勉強しようとしない」場合は、その行動や態度をきちんとしかりましょう。

切り札は「お父さんにしかってもらいますよ」

親が何も言わなくても、子どもが自主的に机に向かってくれれば何も言うことはありませんが、残念ながら、「勉強が好きで好きでたまらない」という子はほとんどいません。

特に自宅学習の場合、テレビやテレビゲーム、パソコンなど、子どもの集中力を奪うものがたくさんあります。学校から帰って机に向かっていたかと思うと、10分後には居間でテレビを見ていた、ということも少なくありません。

そんなときは、あらかじめ子どもと取り決めをしておけばいいのです。

たとえば「8時54分に番組が終わったら、だらだら9時まで待たず、すぐにテレビを消して勉強を始める」「ゲームをするならテレビは見ない。テレビを見るならゲームはしない。1日のうちにどちらかひとつだけ」といった具合です。

そうやってけじめをつけさせないと、子どもはどんどんだらけてしまいます。

お母さんがきびしく言ってもいっこうに机に向かわないようなら、「父親の威光」を借りるのもひとつの方法です。

「お父さんにしかってもらいますよ」と言うのです。

ふだん家にいない父親は、子どもにとってある意味で「未知の存在」です。

いつも一緒に過ごしている母親なら、「お母さんが怒ってもどうせこの程度だろう」となめてかかることができますが、父親は違います。

「家にいるときは静かでも、本当はこわい人」というイメージを与えておけば、「お父さんが怒ったらどんなにこわいだろう」と想像がふくらみ、「お父さんに怒られないようにしよう」と勉強するようになるのです。

「父親の威光」を効かせるには、ふだんから母親が「お父さんがいったん怒ると、ものすごく強くてこわい」と子どもに言い聞かせておかなくてはなりません。

実際は「かかあ天下」でも「お父さんが本気になったら、お母さんは絶対にかなわない」とか、きゃしゃなお父さんでも「中学生のとき、悪い上級生を相手に戦って勝ったことがある」などと言い聞かせ、「伝説」をつくるのです。この場合、多少の誇張が入ってもかまいません。

「父親を怒らせたら最後」とすり込んでおけば、子どもは言うことを聞くようになります。

ただし、「虎の威」が効くのは小学生のうちだけです。中学生になり、思春期に入ると効果はありません。「父親の威光」が消えないうちに、きちんと勉強する習慣をつけさせましょう。

シングルマザーの場合は、アメとムチを上手に使い分けること。

子どもが自分から勉強したときは徹底的にほめ、怠けているときは本気で怒る。「ほめてばかり」「怒ってばかり」ではなく、上手にメリハリをつけてください。この場合、母親は「お前のために一生懸命働いている」と情に訴えることも有効です。私の同級生にも何人か母子家庭出身者がいましたが、みんな親に恩義を感じていたのか、とても親孝行で勉強熱心でした。

落ち着かない子どもはどうするか

「子どもが集中して机に向かわない」「すぐに立ち上がって家の中をうろうろ歩き回る」と嘆くお母さんがいます。

実は私も子どもの頃、机に長時間向かっていられませんでした。といっても勉強していないわけではなく、算数の問題を解くときや社会の暗記をするときに部屋の中をうろうろ歩き回って、体を動かしながら頭に「刻み込んで」いたのです。じっとしているより体を動かしながら考えたほうが、私には効率がよかったわけです。

ですから子どもの勉強に関しては、「机に長時間向かわなければいけない」とか「石のようにじっと座ってノートを取らなければいけない」など、あまり堅苦しく考える必要はないと思います。リビングで算数の問題を解いても、家の中を歩きながら公式を暗記しても、頭に入っていればそれでいいのです。

やりやすいスタイルは子どもによって違いますから、ある程度の成績を取っているなら、あまりうるさく言わずに容認してやりましょう。「成績がちっとも上がらない」というなら、その時点で軌道修正すればいいのです。

最近よく受ける相談に、「子どもがＡＤＨＤのようなのですが、どうしたらいいでしょうか?」というものがあります。

ＡＤＨＤとは「Ａｔｔｅｎｔｉｏｎ Ｄｅｆｉｃｉｔ Ｈｙｐｅｒａｃｔｉｖｉｔｙ Ｄｉｓｏｒｄｅｒ」の略で、日本語では「注意欠陥多動性障害」といいます。

「落ち着きがなく、じっと椅子に座っていられない」「単調な作業を長時間続けられない」「忘れっぽい」「単純なミスをする」「衝動的に行動する」などが主な特徴で、昔は「珍しいもの」と考えられていましたが、アメリカの最新の調査では、約17・8パーセントの子どもがこの診断基準に当てはまったというデータもあります。約5人に1人の割合です。

「発明王」といわれたエジソンも「ＡＤＨＤだった」といわれますが、母親が、子どもが集中していられるタイミングを見ながらこまめに勉強を教えたおかげで、のちに歴史に残る発明を生み出すようになりました。

日本でも最近、落ち着くのが苦手で、机に長時間向かうのが苦手な子が増えているようです。学校生活に適応できないほど症状が進んでいるなら医師の診断を仰がなくてはなりませんが、「注意すればなんとか落ち着く」という程度なら、昔流にきびしくしつければ、ある程度は矯正できると思います。

私の世代の母親は、今の母親に比べると、ものすごくしつけにきびしかったものです。じっと座っていないと、「行儀が悪い！」と、竹のものさしでパシッと脚をたたくこともありました。昔のほうがこの病気は少なかったことを考えると、やはりこれは有効なしつけ方だったのでしょう。

とはいえ基本的に勉強は「時間」ではなく「質」ですから、「2時間も3時間もずっと机に向かわなくてはならない」などという決まりはありません。たとえ15分でも20分でも、勉強を続けることができて、「わからなかったことがわかった」「難しい問題が解けた」というなら、「小学生のうちはそれで十分」と考えてください。

ビリでも勉強のやり方を変えればトップに立てる

塾に通っても自宅で勉強しても、いっこうにテストの点が上がらない子どもがいます。やる気はあるのに成果が出ない場合は、頭が悪いのではなく、「勉強のやり方が悪い」と考えてください。

私は高校2年まで成績が悪く、大学入試レベルの数学問題を解くのに1問1時間以上かけていました。ところが頭のいい同級生は、何の苦もなく1問10分程度で解いていました。

「彼らとは、もともと頭のできが違うのだ」と思っていたのですが、「解法暗記」のやり方を覚えてからは、彼らのスピードに追いつくどころか、それ以上の量をこなすことができました。

高校3年に上がる頃には灘高でもトップクラスに入るようになり、その時点で、

「要領のいい勉強のやり方でがんばれば、誰でも東大へ行ける！」と直感しました。

夏休みには気分転換のために図書館へ通ったのですが、そこには公立高校の生徒も来ていて、朝9時から夜8時まで、ずっと勉強していました。

昼ご飯も食べず休憩も取らず、ひたすら熱心に机に向かっていたので印象的だったのですが、よく見ると数学の参考書が1日で2、3ページしか進んでいなかったり、古文の教科書を1日かけてノートに丸写しにし、その全訳をつくったりしていました。

「こんなに効率の悪い勉強法では、何時間かけて勉強しても、要領のいい僕たちには絶対に追いつけない」と、そのとき妙な安心感を覚えたものです。

何度も言いますが、勉強の出来・不出来を決めるのは量であり、時間ではありません。

あなたの子どもが長時間机に座っているわりに量がこなせていないなら、勉強法を一から見直してやりましょう。

受験勉強は「ぬり絵」

理解したことは「復習」によって身につきます。

「やりっぱなし」では覚えたことをすぐに忘れてしまい、成績が伸びません。

学習したことを頭に残すには、繰り返し繰り返し復習することが大事です。参考書や問題集は「一度読んで終わり」ではなく、ボロボロになるまで反復して学習させましょう。

一冊の本を読み込めば、テストの時など「これはあの本のあそこに書かれていたことだ」と映像的に思い出すことができ、有利に働くものです。

また、理解していない箇所はそのまま飛ばさず、理解できるところまで戻るか、よりわかりやすいように解説された参考書を探すなどして、「そのままにしない」ことが大事です。わが子が理解できないところは他の子も理解できないことが多いもの。

これをクリアするかしないかで、学力に大きな差がつくのです。

「復習が大事」とはいっても、中学受験をめざしている場合は、試験に出ないところを隅々まで覚えようとしても時間のむだです。

試験は「積み木」ではなく「ぬり絵」。出そうなポイントにターゲットをしぼり、重要ポイントをひとつずつぬりつぶしていくのが正しいやり方です。

「どこをぬるか」は、受験校の過去問（過去に出題された問題）をやってみればおおむねわかります。

私立中学の場合は、独特のセンスが要求される「ひねり問題」が出題されることが多く、たとえば麻布中学で出題されるような算数の図形問題は、慣れていないと大人でも簡単に解くことができません。しかし、それができなくても、他で点をとれば十分合格できるし、それなりに傾向をつかめば、対応のしようはあるのです。

それぞれの学校のカラーが違うように、出題される問題も学校によって「クセ」がありますから、まずは過去問で問題に慣れましょう。問題の「クセ」がわかったら、押さえるべきポイントをひとつずつぬりつぶしていけばいいのです。

受験勉強は「積み木」ではなく「ぬり絵」

塾は子どもに合わせて選べ

「公立の小学校から、私立の中学を受験させたい」「共働きで時間がないため、子どもの勉強を見てやれない」という場合は、やはり多少無理をしてでも、塾に行かせたほうがいいでしょう。

塾と一口に言っても、「受験にターゲットをしぼった進学塾」「不得手な科目の成績を伸ばす実力養成塾」など、いろいろな種類があります。

選ぶときに一番大事なのは、「子どもの能力とのマッチング」です。

見栄や安心感からむずかしい名門塾を選びたがる親も多いのですが、子どもの学力がそのレベルに達していない場合、本人がやる気をなくし、結局、学費がムダになってしまいます。

逆に受験をめざしているのに「数学専門」「国語専門」などの単科塾に入っても、

受験は「総合で何点取れるか」を競う世界ですから、苦手な科目がはっきりしている場合を除けば、合格には結びつきません。出費のムダを防ぎたいなら、子どもの学力をきちんと把握してから、将来の目的に合わせてベストな塾を選びましょう。

子どもの性格の見きわめも大事です。

学内で常にトップクラスの成績を取り、「勉強しなくてもできるんだ」と慢心ぎみの子なら、あえてレベルの高い塾に行かせ、「自分よりもっとできる子がいる！」と、「井の中の蛙《かわず》」であることに気づかせるのもひとつの手です（ただし、あまりにも差がありすぎる場合は、自信を失って逆効果になるので注意）。

逆に劣等感が強く、できる子がそばにいると萎縮してしまう気の弱い子なら、少しレベルを下げた塾へ行かせ、そこでいい成績を取らせたほうがいいでしょう。

「レベルの高いところで鍛えるか」「ワンランク落としてトップを取らせるか」「スパルタ式か」「自主性を重んじるか」など、わが子のニーズに合わせて賢い塾選びをしてください。

「鶏《けい》口《こう》となるも牛《ぎゅう》後《ご》となるなかれ」

「わが子を受験させる！」と決めたら、「志望校と相性のいい塾」に入れましょう。

チェックすべき最大のポイントは、「その塾から志望校に何人、合格者が出ているか」。合格者をたくさん出している塾は、その学校の試験に対する受験ノウハウをたくさん持っているということです。

「地元の私立中学に強い塾」というのもけっこうあるので、口コミやインターネットなどで探してみるといいでしょう。

気をつけたいのは、「〇〇高に何人合格した」ではなく、「何人の生徒のうち、何人合格したか」です。肝心なのは分母です。分母を見なければ、その塾のレベルがわかりません。

たとえば灘中に20人入った塾でも、生徒１００人のうち20人が入ったＡ塾と、生徒

４００人の中から20人入ったＢ塾とでは、意味合いが違います。

Ａ塾の合格率は20パーセント（つまり５人に１人が合格）、Ｂ塾は５パーセント（つまり20人に１人が合格）ということなので、合格率は圧倒的にＡ塾のほうが高いわけです。

「それなら絶対にＡ塾がいい！」と思いがちですが、背伸びをしすぎるのは禁物。

「鶏口《けいこう》となるも牛後《ぎゅうご》となるなかれ」は、大人の世界も進学塾の世界も同じです。

「ビリでもいいからトップ進学塾へ」より、「多少レベルは落ちても子どもがトップを取れる進学塾」のほうが、子どもが伸びる確率は高いのです。

塾は、一度入ったら、ずっと通い続けなくてはいけないというものではありません。

少々授業料を損しても、「うちの子に合わないな」と思ったら、迷わず別の塾を探すことです。

塾にもさまざまなスタイルがある

いい塾が見つかれば「親が勉強を一から十まで見なければいけない」というプレッシャーから解放されますし、同じ目的を持つ仲間に囲まれて、子どももやる気が出てきます。受験に必要な情報も、すばやく入手できるでしょう。

何といっても、塾は「勉強を教えるプロ集団」です。市場原理、競争原理に基づいて動く「教育ビジネス」ですから、講師も本気でノウハウを注ぎ込み、教育に当たります。（なかには、経営うんぬんよりも「勉強のできる子どもを育てたい」という情熱と熱意から、塾を経営している人もいます）

いずれにしても「結果がすべて」の世界ですから、教え方が上手ならその塾の評判は高まり、生徒も集まります。その逆なら、生徒の人数が集まらず、やがてすたれていくでしょう。

少子化の今は、「客」のニーズによって、塾のスタイルも多様化しています。

昔は名門校に何人合格したかで塾の価値が決まったものですが、今は「人気講師がいる」「わからない科目をわかるようにしてくれる」「勉強ぎらいでも楽しく勉強できる」「礼儀やマナーを教えてくれる」なども、重視されるようになってきました。

子どもを塾に入れるなら、まずは情報を集めましょう。

父母同士の情報交換や先輩の親からの口コミはもちろん、最近では多くの塾がホームページを作っていますから、気になるところはチェックしてみるといいでしょう。

◆和田秀樹主宰の教育情報サービス「学力向上！　親の会」ホームページ
http：//www.oyanokai.jp/

塾は子どもたちの「駆け込み寺」

塾は子どもの学力を上げるのに役立ちますが、効能はそれだけではありません。「いじめからわが子を守る」というメリットもあります。

勉強ができる子は小学校4年生くらいになると、学校で仲間はずれにされたり、いやがらせをされるなど、勉強のできない子の退屈しのぎやストレス解消からいじめを受けるケースが少なくありません。

「できない子のひがみだから気にすることはない」とわかってはいても、当の本人にとっては、かなりつらいものです。

精神的にナイーブな子の場合、学校へ行くのがイヤになり、家に引きこもってしまうおそれもあります。

そんな場合は塾へ通わせ、子どもに「別世界」を与えてやるといいのです。

塾には自分のレベルに近い子たちが勉強しに通っていますから、できない子からひがまれ、足を引っ張られる心配はずっと少なくなります。むしろ、同じ悩みをかかえていることが多いので、お互いに精神的な助けになることが多いのです。

私自身も子どもの頃はいじめにあいましたが、塾へ行くことで、「学校だけが自分の人生じゃない。学校の外にもいろいろな世界があり、いろいろな子がいて、いろいろな価値観があるのだ」ということを知り、かなり救われました。

そして「二度といじめにあいたくないから、一生懸命勉強して、いい学校へ行こう！」と強く思ってがんばった結果、灘中に合格することができたのです。

たとえ学校でひとりぼっちでも、塾や習い事の場で、誰か一人でもわかってくれる友達がいれば子どもは救われます。

ただし、学校でのいじめが目に余るようなら、親は学校や教育委員会、あるいは警察に相談してでも、わが子を守るために戦うべきです。場合によっては子どもを転校させる、家族で引っ越しをするという選択肢も考えなくてはなりません。

小学生の英会話は受験に役立たない

日本全国の小学生、中学生の保護者・約８千５００人を対象に行われた朝日新聞社とベネッセ未来教育センターの共同調査（２００４年）によれば、「何らかの習い事や塾に通っている子ども」は全体の８割いるそうです。

「どんな習い事をしているか？」という質問に対しては、１位が楽器で19・１パーセント、２位が通信教育で16パーセント、３位がスイミングスクールで15・９パーセントでした。

私のもとには「子どもに習い事をたくさんさせてもいいでしょうか？」という質問がよく寄せられますが、子どもが行きたがるなら、習字やそろばん、バレエなど、いろいろな習い事をさせて可能性を探るのはとてもいいことだと思います。

時間的、金銭的な余裕があるなら、スポーツでも楽器でも、積極的にチャレンジさ

習い事や塾は？（複数回答、数字は%）

2004年4月18日　朝日新聞より

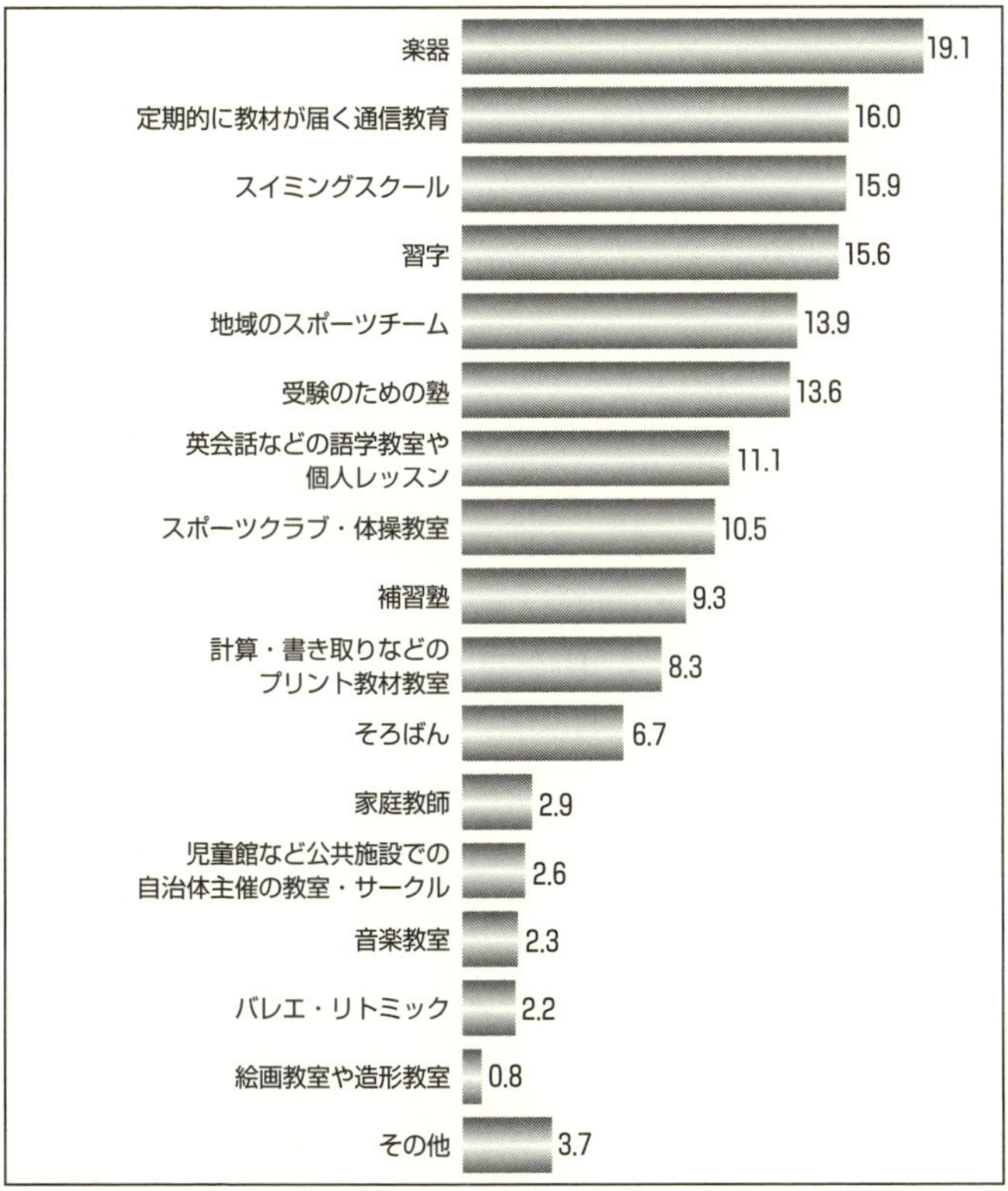

調査方法

朝日新聞とベネッセ未来教育センターが共同で2003年12月～2004年1月に実施。

東北から九州までの30都県で、小学生は18都県26小学校の2年生と5年生、中学校は18都県20中学の2年生の保護者計8503人が対象。

6288人から回答を得た。各校から子どもを通して調査用紙を配布し、回答は家庭で封入して学校に提出してもらった。

せるといいでしょう。

ただし、英会話教室に関しては少々疑問です。

「後々、役に立ちそうだから」と親が期待して通わせるケースが多いのですが、本人がよほど「習ってみたい！」と希望するならいざ知らず、そうでない場合は、はっきり言って「時間とお金がムダになることが多い」と覚えておきましょう。

実は小学生の頃、私も弟も英会話スクールに通っていました。授業はそれなりにおもしろく、ほぼ皆勤で通っていたのですが、その後、学校で具体的に役に立ったことはありませんでした。

子どもの英会話というのはあいさつ程度の会話や動物などの名前の単語学習が中心のため、中学で習う文法やスペリングにはほとんど結びつかないのです。

むしろ、不必要な予備知識のおかげで、英語の勉強が混乱した覚えがあります。

私の通っていた灘中にも、小学1年から小学校で英語を習っていた同級生が何人かいましたが、中1〜中2くらいまでは成績がよかったものの、中3くらいになると他の子に追いつかれていました。

「教育は欲張りなくらいがいい」が私の持論ですが、欲張りすぎは禁物です。

子どもの優先順位の1番はあくまでも学業ですから、勉強以外の習い事はせいぜい週2、3日以内におさめましょう。週4日以上になると、子どもの心と体が落ち着かず、肝心の勉強に支障をきたすおそれがあります。

「子どもを演奏家にする」「スポーツ選手にする」というなら別ですが、単なる趣味や素養として習わせる場合は、子どもの睡眠時間と食事時間をけずってまでやる必要はありません。

睡眠時間が足りないと、学んだことがきちんと脳に定着しないため記憶力が低下し、疲労も回復しないことから集中力も落ちてしまいます。

頭をよくするためにも、体の疲れを回復させるためにも、「睡眠時間は8時間は必要」と心して、日常のスケジュールづくりを考えてください。

オープンテストでショック療法を

公立中学に進む子どもでも、小学校6年の夏休みになったら、進学塾のオープンテストを受けさせてみるといいでしょう。これは大手の塾が主催する模擬試験のようなもので、その塾に通っていない子どもでも受けることができます。

出題される問題はかなりレベルが高く、過去問にあたるなどそれなりの受験勉強をしていないと、ほとんど点が取れません。

進学塾で鍛えていない子はかなりショックを受けるでしょうが、「受験の現実」を知るためにも、この段階で一度は経験しておいたほうがいいと思います。

たとえ地方の小学校でトップをとっていても、都会の進学塾に毎日のように通っている子たちと比べれば、「相手にならないほど弱い」とわかるからです。

けれどやる気のある子ならこれがきっかけとなり、「内発的動機」が刺激されて、

中学校に入ってからしっかり勉強するようになるでしょう。

子どもを勉強へ向かわせる動機づけには「内発的動機」と「外発的動機」の2つの方法があります。

「内発的動機」とは、「勉強がおもしろい!」「自分をもっと高めよう!」「あの目標に向かってがんばろう!」と、子どもが自ら勉強に向かうことです。

「外発的動機」とは、外から動機を与えること。「いい成績を取ればアメをあげるけど、成績が悪いならムチを与えるよ」と外部から働きかけ、強制的に勉強に向かわせることです。

小学校低学年のうちは「命じる」「ほめる・しかる」「競争させる」などの外発的動機を与えて勉強させ、高学年になったら、「勉強はわかるとおもしろい」「自分が賢くなっていくのがうれしい」などの内発的動機でモチベーションを高める。これが理想型です。この先ひかえている中学受験、高校受験、大学受験は、「どこまで内発的動機を高められるかが勝負」と言っても過言ではありません。

2004年東大合格者(判明分)20位までの高校の内訳

					前期・後期合計類別合格者数					
順位	高校名	所在地	計	前年比	文Ⅰ	文Ⅱ	文Ⅲ	理Ⅰ	理Ⅱ	理Ⅲ
1	○開成	東京	175 (119)	-5 (-6)	28(25)	26(14)	15(12)	65(42)	27(19)	14(7)
2	△学芸大付	東京	90 (55)	+18 (—)	16(8)	20(12)	12(7)	27(20)	15(8)	
3	○灘	兵庫	88 (56)	±0 (-10)	15(12)	3(3)	4(2)	41(26)	11(5)	14(8)
4	△筑波大付駒場	東京	81 (62)	-31 (-12)	15(14)	10(7)	5(3)	33(24)	14(11)	4(3)
5	○桜蔭	東京	79 (70)	+7 (+8)	17(15)	6(5)	14(13)	14(13)	20(18)	8(6)
6	○麻布	東京	58 (44)	-41 (-24)	8(2)	12(7)	13(7)	26(21)	7(5)	2(2)
7	○駒場東邦	東京	57 (36)	+6 (+1)	1(1)	14(5)	6(3)	28(22)	8(5)	
8	○栄光学園	神奈川	49 (39)	-28 (-17)	10(7)	5(3)	5(4)	23(20)	5(4)	1(1)
9	○巣鴨	東京	48 (30)	+8 (-2)	9(7)	8(3)	6(5)	12(6)	11(7)	2(2)
10	○桐朋	東京	43 (28)	-1 (-2)	4(2)	4(3)	6(4)	22(15)	6(3)	1(1)
11	○桐蔭学園	神奈川	42 (25)	-5 (-5)	3(3)	5(3)	2(1)	18(13)	14(5)	
12	○ラ・サール	鹿児島	42 (22)	-10 (-10)	7(6)	5(0)	1(1)	18(9)	9(5)	2(1)
13	○海城	東京	40 (23)	-11 (-11)	2(1)	4(1)	7(5)	15(10)	12(6)	
14	△筑波大付	東京	38 (25)	+7 (+5)	6(3)	4(4)	3(3)	17(12)	8(3)	
15	○洛南	京都	36 (26)	-9 (-6)	10(9)	6(4)	4(4)	15(9)		1(0)
16	○久留米大付設	福岡	36 (26)	+5 (+5)	4(4)	7(6)	4(3)	8(7)	10(4)	3(2)
17	○聖光学園	神奈川	32 (26)	-5 (-7)	1(1)	6(6)	4(3)	16(13)	5(3)	
18	○白陵	兵庫	32 (24)	+9 (+10)	1(1)	4(2)	8(7)	8(5)	10(8)	1(1)
19	○東大寺学園	奈良	32 (25)	-3 (-3)	7(4)	3(3)		12(11)	8(6)	2(1)
20	○青雲	長崎	32 (18)	+15 (+6)	3(2)	7(2)	8(5)	11(8)	3(1)	

＊○は私立、△は国立、無印は公立を表す。(　) 内は現役合格者数。前年の合格者数不明は［—］

東大合格ランキング（10年ごとの移り変わり）

1954年

順位	高校名	所在地	合格者数
1	日比谷	東京	106
2	戸山	東京	66
3	西	東京	57
4	新宿	東京	56
5	小石川	東京	43
6	両国	東京	43
7	○麻布	東京	37
8	△教育大付	東京	31
9	湘南	神奈川	31
10	上野	東京	25

1964年

順位	高校名	所在地	合格者数
1	日比谷	東京	193
2	西	東京	156
3	戸山	東京	110
4	新宿	東京	96
5	△教育大付	東京	88
6	小石川	東京	79
7	○麻布	東京	78
8	両国	東京	63
9	○灘	兵庫	56
10	△教育大付駒場	東京	52

1974年

順位	高校名	所在地	合格者数
1	○灘	兵庫	120
2	△教育大付駒場	東京	115
3	○開成	東京	98
4	△学芸大付	東京	91
5	○ラ・サール	鹿児島	86
6	△教育大付	東京	84
7	○麻布	東京	74
8	湘南	神奈川	66
9	浦和・県立	埼玉	60
10	西	東京	57

1984年

順位	高校名	所在地	合格者数
1	○開成	東京	134
2	○灘	兵庫	119
3	△学芸大付	東京	110
4	○ラ・サール	鹿児島	110
5	○麻布	東京	94
6	△教育大付駒場	東京	89
7	○武蔵	東京	86
8	○栄光学園	神奈川	62
9	浦和・県立	埼玉	54
10	△筑波大付	東京	51

1994年

順位	高校名	所在地	合格者数
1	○開成	東京	197
2	○麻布	東京	105
3	○灘	兵庫	100
4	○桐蔭学園	神奈川	90
5	△筑波大付駒場	東京	87
6	△学芸大付	東京	83
7	○ラ・サール	鹿児島	81
8	○桜蔭	東京	70
9	○栄光学園	神奈川	66
10	○駒場東邦	東京	65

＊校名は当時のもの
（サンデー毎日　2004年4月11日号より）

どうせ受けるなら「お得校」をねらえ

自宅から通える範囲内にいい学校があり、何とか学費を捻出できそうなら、やはり中高一貫校へ行かせるのが東大合格への近道です（もちろん公立校から東大をめざす道もありますが、「険しい道」と、親も子どもも覚悟しなければなりません）。

２００４年度の東大合格ランキングは、１位が開成、２位が学芸大附属、３位が灘、４位が筑波大附属駒場、５位が桜蔭……と、ベスト20まで私立・国立の中高一貫校がずらりと占めました。「わが子を東大に入れるならやっぱり中高一貫校」という「常識」は、ますます根強く浸透しているようです。

ゆとり教育の実施によって公立中・高のレベルが落ち、これまで進学実績の高くなかった私立中学も、「今がチャンス！」とばかりに、最近、軒並み学力強化に力を入れ始めています。少子化時代での生き残りをかけて、どの私立中学も必死になっているのです。これから中学受験をめざすなら、開成や学芸大附属、灘校クラスにこだわらなくても大丈夫。大学合格実績の高い「穴場校」はたくさんあります。今の学力が低いからといって、中高一貫校をあきらめる必要などないのです。

現在、比較的入りやすいとされているのは、たとえば共学なら千葉県市川市にある市川（早慶上智の合格率が高い名門高。共学化でさらなるレベルアップが予想されます）、木更津市の暁星国際（生徒数は少数ながら、東大、慶応、早稲田の合格実績が高い）、柏市の芝浦工大柏（１９９９年に中学を開設。早慶上智の合格実績が高い）などがあげられます。

千葉市の昭和学院秀英は高い進学実績のわりには学費が安く、東京成徳大学中学校は特待生制度があり試験科目２科目で、ここも「ねらい目校」のひとつ。

男子校では文京区の京華、新宿区の成城（ともに早慶合格実績が高い）、藤沢市の藤嶺学園藤沢（２００１年に中学を開設。今後レベルアップが予想される）があげられます。

女子校では英語教育が充実している新宿区の目白学園、先生の受験指導が熱心なことで知られる横浜市の横浜女学院、入学時の偏差値のわりに早慶上智の合格実績が高い練馬区の富士見などが注目されています。

首都圏外では、大阪府摂津市の大阪薫英女学院（高校で1年間ニュージーランドへ留学させることで知られますが、進学実績も急上昇）、近大付属東広島（開校7、8年で東大合格者が出ました）、岡山操山（県立で2校目の中高一貫校）などが、「期待度が高い」といわれます。

以上あげた学校の特色はどれも、「中学入学時の難易度が低い（偏差値50以下）わりには、大学進学実績が高い」つまり、「入りやすいわりにはお得度が高い」というわけです（逆に、中学入試はむずかしいけれども大学進学実績は平均的というなら、損な学校です）。

少なくとも公立学校に入るよりは、はるかに卒業後が期待できます。

これらの新興進学校はひねった問題ではなく素直な入試問題を出すことが多いので、「受験対策に乗り遅れた」という子でも、合格する可能性が高いのです。

エスカレーター校には落とし穴がある

「楽だから」「ネームバリューがあるから」と、大学の付属校を志望校に選ぼうとするケースは少なくありません。乗っているだけで勝手に上の学校へ行けることから「エスカレーター校」と呼ばれますが、よほど行きたい理由が明確でない限り、中途半端に選んでしまうと後悔します。

幼稚園から小学校、中学校、高校、大学と、20年近くにわたり系列校だけで過ごすエスカレーター校は、基本的に「エスタブリッシュメント」のための学校です。これらの学校の本来の目的は、「いいところのお坊ちゃん、お嬢ちゃん」に教養やマナー、対人能力を身につけさせること。学力を鍛えて「エリート」を育てるのが目的ではないのです。

本来なら富裕層の子どもだけ集まればいいのですが、学校の経営上、それだけでは成り立ちません。その結果、「何とか学費を払える程度の家」の子どもも入れることになります。

学校の知名度や親の見栄からお金持ちの子どもたちが通う学校にわが子を入れても、親同士のつきあいにギャップを感じたり、当の本人が環境になじめないケースが少なくありません。

中学から入れば10年間、高校からなら7年間、「場違いな毎日」をそこで過ごすことは、はたして子どもにとっていいことでしょうか?

また付属校は幼稚園や小学校、中学校受験など、早期にきびしい選抜が課されるため、もともとのレベルは高いのですが、よほど成績がひどくない限りそのまま進学できるため、ほとんどの生徒が勉強しなくなってしまいます。

他の受験生から見れば「楽な身分」ですが、付属校の生徒には「のし上がる力」「ライバルと競う力」「向上心」がどうしても欠けることになりがちです。つまり、社会に出てから必要な、「生きる力」に乏しいのです。

また、付属からあがってきた子どもは高校、大学できびしい選抜をくぐり抜けてきたグループとの差がつきやすく、同じ大学を卒業しても、就職で苦労することが多くなります。

2009年以降は、大学名さえ選ばなければ、誰でもどこかの大学に入れる時代がやってきます。そんな時代にエスカレーター式の付属中高を選んでも、「就職時にはほとんどメリットはない」と考えたほうがいいでしょう。

これから世の中は、学歴社会から学力社会へ移行します。どんなに名の通った学校を出ても、学力が身についていなければ相手にされません。

「それでも行かせたい」というなら、「エスカレーター校にはリスクがある」と心して、わが子に上位の成績を取らせる努力が必要です。

学校名	所在地	進　路(人)		
		東　大	慶　應	早稲田
帝京大学付属	東京都八王子市	1	12	23
桐朋学園女子	東京都調布市	2	22	37
普連土学園	東京都港区	1	22	25
武蔵工業大学付属	東京都世田谷区	1	3	4
神奈川				
神奈川大学付属	神奈川県横浜市	1	8	18
鎌倉学園	神奈川県鎌倉市	1	23	36
清泉女学院	神奈川県鎌倉市	1	14	12
逗子開成	神奈川県逗子市	1	28	44
桐蔭学園	神奈川県横浜市	42	273	353
桐光学園	神奈川県川崎市	2	40	87
山手学院	神奈川県横浜市	1	29	48

これがねらい目の中高一貫校リスト

（各校ホームページより。合格者数は総数。
付記のあるもの以外は2004年の合格者数）

学校名	所在地	進路（人）		
		東大	慶應	早稲田
埼玉				
栄東	埼玉県さいたま市	4	16	19
春日部共栄	埼玉県春日部市	3	11	18
城西大学付属川越	埼玉県坂戸市	1	8	21
西武学園文理	埼玉県狭山市	4	35	72
千葉				
市川	千葉県市川市	3	59	103
東京				
お茶の水女子大学附属	東京都文京区	5	11	13
穎明館（2003年）	東京都八王子市	2	30	42
大妻多摩	東京都多摩市	1	22	23
共立女子	東京都千代田区	1	20	32
光塩女子学院	東京都杉並区	3	26	54
國學院大學久我山	東京都杉並区	5	47	71
渋谷教育学園渋谷	東京都渋谷区	2	16	35
成蹊（過去3年間）	東京都武蔵野市	10	105（除医）	150
世田谷学園	東京都世田谷区	4	46	72
創価（2002年）	東京都小平市	4	6	12

エピローグ

本当の勝負は、
中学・高校から始まります

中高一貫校にもデメリットがある

わが子が念願の私立中学に入学した人も、公立の中学に通わせている人も、「本当の勝負はまだまだこれから」と心しましょう。

どの中学にも、それぞれメリットとデメリットがあります。環境をうまく生かしながら、6年後の東大受験に向けて、悔いのない毎日を送ってください。

■中高一貫校に入学した場合

中高一貫校の最大のメリットは、「6年間かけて大学受験に備えられる」ということです。

私が灘中に入ったとき、数学の教師は第1回目の授業でこのように言いました。

「君たちは灘中の試験に合格したのだから、中学の数学はあまりにもやさしすぎると感じるだろう。でも、高校になるといきなりレベルが高くなる。ほとんどの公立校では、高３の教科書をすべて終えることができずにそのまま卒業させてしまうほどだ。そこで、うちでは中学１年で中学校の教科書をすべて終わらせ、そのあと４年間かけて高校の教科書を教える。そうすれば、最後の１年間は受験勉強に費やすことができるだろう」

英語の教師はこう言いました。

「あなたたちは、中学のカリキュラムで英単語を１千語、高校で５千語を習うことになっています。これを年間に振り分けると、中学では１年間で３００語、高校ではいきなり１６００語に増えてしまいます。ですから６千語を６で割り、１年間に１千語ずつ消化していきましょう。つまり、中学の教科書を中１までに終わらせて、残りの期間でじっくり高校の勉強をしていくのです」

中学の学習レベルに比べ、高校の学習レベルは「一気に三段越え」くらいハードになります。「薄っぺらな中学の勉強は早々と終了させ、分厚い高校の勉強を時間を分けて消化し、最後の１年を受験対策に当てよう」という灘中のムダのない考え方に、私や友達は「なるほど！」と感心したものです。

もちろん、そのやり方は他の中高一貫校でも同じです。東大合格者を生む上位校のほとんどが中高一貫校であることを見ても、このカリキュラムは非常に合理的なのです。

ただし、中高一貫校にはデメリットもあります。それは高校受験がないため、「中だるみ」しやすいこと。

「大学受験は６年も先」と安心感にひたっているうちに、ずるずると成績が下がってしまうのです。

実際、私がそうでした。入学当初は「５番で灘中に入れた！」という達成感に満たされ、「次は東大入試だ！」と意気込んではいたものの、中２、中３になると気分がゆるみ、１７０人中１３０番まで落ちました。

途中で立て直して「Ｕ字型」「Ｖ字型」の成績展開をすればいいのですが、中高一貫校のカリキュラムは公立校よりずっと速いペースで進むため、みんなに追いつけず、私の成績はずっと「Ｌ字型」でした。

偶然にも、高２のときに数学の「解法暗記」を編み出してから事なきを得ましたが、そのままずっと「落ちこぼれ」でいる生徒も少なくありませんでした。

そのような事態を避けるために、最近では中学のうちから塾通いをさせるパターンが増えています。

塾があれば家でゴロゴロできず、いやでも勉強する習慣が身につきます。「中高一貫校＋塾＝東大合格」という図式が、最近の「王道」といっていいでしょう。

■公立中学に入学した場合

「ゆとり教育」でぬるま湯のようなカリキュラムを実施している公立中学に通っていても、東大をあきらめる必要などありません。

学校のカリキュラムや内申書を無視して、6年間、独自に受験勉強に専念すればいいのです。塾のない地域なら、夏休みを利用して東京の予備校で開かれる夏期講習に参加するという方法もあります。

はっきりいうと、東大に合格するためには、中学時代の成績や学校での生活態度などは一切関係ありません。英語と数学さえしっかり勉強していれば、極端な話、たとえ理科や社会のテストで赤点を取ってもかまわないのです（公立校なら、落第の心配はありません）。

また授業中に積極的に手を挙げたり、クラスのみんなとムリに仲良くしたり、教師に好かれるように「いい子」を演じたりするのは、「エネルギーのむだづかい」以外のなにものでもありません。東大受験には何の関係もありませんから、「たとえ教師に気に入られなくてもかまわない」と、親も子も腹をくくってください。

公立校で「みんなと同じように」していては、絶対に東大には合格できません。「一人でもがんばる」ことをおそれていたら、ほしいものは手に入らないのです。たとえ内申書の評価が低くて「県下一の進学校」に入学できなくても、気にすることはありません。

今は「県下一の進学校」より、「普通の中高一貫校」のほうが、名門校合格率が高い時代です。進学校の古い勉強法にからめとられるより、「ライバルは中高一貫校の生徒」と視線を上げ、自宅や塾などで、時代にマッチした勉強をしたほうがいいのです。

あるいは、公立中学から中高一貫校の高校に入る方法もあります。

私の通っていた灘校は、中学から在籍する生徒より、高校から入ってきた生徒のほうが、現役で東大に入る確率がずっと上でした。私の年に関して言えば、中学からの組は１７３名中60名、高校からの組は58名中36名、東大に合格しました。中高組の合格率は35パーセント、高校組は62パーセント。中学からの生徒は10人に約３人、高校から入ってきた生徒は10人に約６人、東大に受かったということです。

私の親友にも、灘中よりレベルの低い学校に落ちたものの３年間必死に勉強し、灘高に２番で入り、東大理Ⅲに現役で合格した人がいます。「敗者復活」は可能なのです。

中学で将来のすべてが決まるわけではありません。「公立じゃ勝てない」「名門校に入れなかったら、もうダメだ」などと決めつけず、親も子も上昇志向を持って、「逆転勝ち」をめざしてください。

「朝型の生活リズム」を身につけさせよ

中学生によくありがちなのが、「深夜勉強」と「ながら勉強」。これをしていると、どんなに時間を費やしても成績が上がりません。

これは私自身、経験があるので確信を持って言えます。

私は中2、中3のころ、こんな生活を送っていました。

●夕方4時：学校から帰宅
●夕方4時半〜夜8時：仮眠（3時間半）
●夜8時半：夕飯
●夜9時〜朝5時：深夜勉強（8時間）
●朝5時〜朝7時40分：就寝（2時間40分）

8時間も費やして勉強していたのですが、中高の6年間を通して、最も成績が悪かったのがこの時期でした。

今から思えば当然なのですが、私は当時全盛だったラジオの深夜放送を聞いて「ながら勉強」をしていたのです。

頭の片方では参考書を読み、もう片方ではラジオに耳を傾けているのでちっとも集中できず、「時間当たりの効率」が限りなく低かったのです。

高2のときにやっとそのことに気づき、雑音をシャットアウトしてからは、1日3、4時間の勉強でも、十分トップクラスを維持することができました。

時間帯も大事なポイントです。家族が寝静まっている深夜は静かですし、さも集中できるような気になるものですが、人間というのは「夜は寝るもの」と決まっているようで、結果的に大きな成果は上がりませんでした。

脳科学の研究でも、「徹夜で勉強すると、学んだことが記憶として定着しないどころか、翌朝以降に疲れが残り、その日の能率が極端に落ちる」という説があります。深夜勉強は「百害あって一利なし」なのです。

寝る時間をけずって8時間勉強するより、帰宅してから夕飯を食べるまでの1時間～1時間半のすき間をぬって勉強したほうが、よほど効率が上がります。

夕方のこの時間帯は交感神経の活動が活発になっているので、頭に入れたことがスムーズに理解できるのです。

夕食後は副交感神経が優位になる、つまり生理学的に「休息モード」に入るため眠くなりがちで、勉強しても能率は上がりません。なるべく早く眠りにつくようにして、翌朝早めに起床し、勉強するのがおすすめです。

起床してから朝食をとるまでの1、2時間を復習にあてれば、前夜に勉強したことがしっかり定着します。

また朝早くから脳を使えば、1時間目からの授業もしっかり頭に入ります。

成績を上げたいなら、「雑音を消す」「朝型の生活に切り替える」を守りましょう。

「戦友」は大切に

受験が近くなると「まわりはみんな敵」と思い込み、母親も同級生をライバル視しがちですが、これは大いなる誤解です。私が東大合格を実現できたのは、「灘高時代の級友のおかげ」といってもいいのです。

受験勉強に明け暮れる中高一貫校では、クラスメートは「戦友」のようなもの。

成績が落ちて「もういいや、東大はあきらめた」と私がさじを投げかけたときも、「お前、ここまできたのにもったいないぞ」と声をかけてくれたのは級友でした。「ことしの東大はこういう試験が出たぞ」とか「この問題集をやっておけ」と真っ先に教えてくれたのも級友でしたし、先輩も、「どんな参考書を使えば力がつくか」「模試の判定をどう読むか」などの大切な情報を教えてくれました。

受験の具体的な情報というのは、実は教師からではなく、先輩や同級生からもたら

されることが多いのです。

それらの情報が得られると得られないとでは、かなり違います。灘高が東大受験に強いのも、受験生の間に蓄積されたノウハウが、下級生や同級生にきちんと流れてくるからだと私は思います。

「進学校に通う生徒は性格がきつい」とか「冷たい」などとよくいわれますが、実態は違います。それぞれの校風もあるでしょうが、名門校と呼ばれるところほど「同じ釜の飯を食う仲間」という意識が強く、連帯感が密であることが多いのです。

公立校の場合はいろいろな子どもが集まっていますから、東大をめざす子は周囲から浮いてしまうこともあるでしょう。けれど、もし「できる子」がいたら、親が積極的に家に呼ぶなどして、仲良くさせるといいでしょう。

同じ境遇にある「できる子」となら価値観を共有しあえますし、悩みを相談したり、受験の情報を交換したり、わからないことを教え合うこともできます。ギブ&テイクの関係が、お互いの成長に役立つのです。

「東大より上」をめざす子もいる

２００４年度の東大入試では、桜蔭や女子学院など女子校の健闘が目立ちました。私が東大を受験した１９７９年は理Ⅲに女子は一人も合格しなかったのですが、今はかなりの数の女子が合格しています。

「女の子の幸せは三高の男性と結婚して専業主婦になること」といった一昔前の「常識」が消え、「女の子も結婚に頼らず、医者や弁護士になってエリートをめざすべき」と考える親や子どもが多くなったということでしょう。

東大卒でもリストラされたりフリーターになる人が珍しくない今、この考え方は正しいと思います。

また、あえて「東大をめざさない生き方」を選択する学生も増えています。狭い国内から海外へと視野を広げ、東大よりさらに上のハードルに挑戦するパターンです。

最近では日本の大学を卒業したあと、アメリカのビジネススクール（経営学を学ぶ大学院大学で、経営学修士＝ＭＢＡが取得できる）に通ったり、高校からいきなりマサチューセッツ工科大（ＭＩＴ）に入学するケースも少しずつですが出てきています。

今は猫も杓子も大学生になれる時代ですが、このパターンをふめばかなり差別化でき、将来は「勝ち組」に入る可能性が高まるでしょう。

「アメリカの大学を出ると日本では就職しにくい」と言われてきましたが、ハーバードやスタンフォードクラスのビジネススクールを出ていれば、まったく問題ありません。むしろ外資系のエリートコースに乗って、年収１億円も夢ではないとされています。

これからはアメリカのように、日本でも知的レベルが高いほど収入レベルも高くなりますから、能力があるなら、チャレンジさせることをおすすめします。

アメリカの大学の種類

①総合大学		
●私立名門総合大学	Harvard University、 Yale University、 Columbia University、 New York Universityなど	社会のリーダーを養成するのが目的。日本の大学とは異なり、４年間、リベラルアーツ（教養教育）を学ぶ。法律、医学など専門的な教育を受ける場合は、ロースクールやメディカルスクールなどのグラデュエート・スクール（大学院）に進学する（ただし、エスカレーター式ではない）。 大学院に進学の際にはGRE（Graduate Record Examination）という適性テストを受ける。アメリカでは「○○大学卒」よりGREのスコアのほうが重視されているが、今後は日本でもGREが検討課題に上るといわれる。
●州立名門総合大学	UCLA、UC Berkley、 University of Texas、 University of Michiganなど	
②リベラルアーツ・カレッジ		
	Amherst　College、 Wellesley College、 Bryn Mawr Collegeなど	主にアッパーミドルの子弟が通う大学で、ハーバード大学に匹敵するレベルから子女教育をメインとするものまで、内容はさまざま。ヒラリー・クリントンはWellesley Collegeという名門女子大を卒業し、Yale Universityのロースクールに進学した。
③州立大学・コミュニティカレッジ		
	West Michigan University、 Minnesota State University など	州立大学は望めば誰でも受け入れてくれ、授業料は州の住民なら非常に安い。地域によって異なるが、アジア系やヒスパニック系、アフリカン・アメリカンなどの比率が高い。コミュニティカレッジは、職業訓練校とカルチャースクールが入り交じったもので、専門学校のようなもの。
④芸術系大学		
	Pratt Institute、 Parsons School of Design など	音楽やダンス、アート専門の大学で、世界中から個性豊かな学生が集まる。ファッション専門の大学、ジャズ専門の大学などいろいろあるが、五島みどりが出たニューヨーク市のジュリアード音楽院が日本では有名。

◆アメリカの大学ランキングを知るには、US News and World Reportという雑誌が出しているBest Colleges のランキングがもっとも権威がある：
http://www.usnews.com/usnews/home.htm
（http://www.usnews.com/usnews/edu/college/rankings/rankindex_brief.php）
※(　)内がさまざまなカテゴリーのランキングをひけるアドレス

おわりに

本書をお読みになられて、どのようにお感じになったでしょうか?

世の中に多少の危機感をもたれたり、「やっぱりわが子には勉強させよう」と思っていただけたのなら、私としては満足です。

また勉強をさせるためのちょっとしたコツがわかったり、これなら私にもやれそうだと思ってもらえたのなら、私としては幸甚この上ありません。

今、現実はきびしい方向に向かっています。

勉強をさせないことには、子どもが幸せになれる確率がどんどん低くなっていますし、それはどこの国に移り住もうとも同じ、ということだけは確かなのです。

マスコミの一時的な情報に惑わされず、自分の子どものために真剣に情報を集め、真剣に考えていただきたい、ということだけは伝えておきたいと思います。

その結果が、「東大ではなくアメリカの大学」ということなら、それはそれで非常に意味のある結論だと思いますし、「東大をめざせ」という私のほうが古いのかもしれません。

いずれにしても、子どもにとって最良の道を探し、導いてあげてください。

「東大、東大と子どものおしりをたたいて、子どもがおかしくなるのではないか」と批判したり、心配される親も、なかにはいらっしゃると思います。

けれど、勉強をさせることで子どもがおかしくなることは原則的にあり得ません。万が一勉強しておかしくなるケースがあったとしても、おかしくならない子どものほうがはるかに多いという現実がありますし、もしそうなってしまったとしたら、親の愛情のかけ方など、ほかの点を直したほうが賢明なのです。

むしろ、勉強をろくにしない子どものほうがおかしくなったり、犯罪者になる確率がずっと高いという事実にも目を向けるべきだと思います。

私がいちばん好きな言葉に「自分を信じよ」ということばがあります。

これは有名な小児科医のスポック博士が自身の育児書を出すにあたり、「本書に過度にふりまわされることなく、まずは自分を信じて、自分の愛情のもとに育児を行いなさい」という意味で用いた言葉です。

私も、その考え方にまったく賛成です。

「自分を信じ、わが子を信じないことには、子育てなどうまくいくはずがない」というのが、精神科医として、教育者として、そして二人の娘の親としての私の実感です。（いろいろな部族のネイティブ・アメリカンの子育てを研究したエリクソンという文化人類学者も、「マニュアル化した子育てより、自分を信じることのほうが大切だ」と明言しています。）

子どもの教育を考えるとき、「世間の風潮のほうがおかしいのではないか？」と感じることがあったら、ぜひご自分の感覚のほうを信じてください。そして迷ったときは、本書を何度でも読み返してください。

この本が、少しでもあなたとあなたのお子さんのお役に立てば幸せです。

和田秀樹

和田秀樹（わだ　ひでき）

1960年大阪市生まれ。1973年私立灘中学に入学するものの、高校一年生まで劣等生で過ごす。高校二年生のときに独自の受験術に開眼し、東大理科Ⅲ類に現役合格。その後、医師国家試験に合格、精神科医となる。大学在学中より家庭教師、受験塾でのカリキュラム作成、通信教育の添削など受験産業のなかで独自の受験指導を展開。現在は、そのノウハウを生かした受験勉強法の通信教育「緑鐵受験指導ゼミナール」代表も務める。

主な著書に、『新・受験勉強入門　合格ガイダンス』『新・受験勉強入門　勉強法マニュアル』『新・受験勉強入門　参考書ファイル』（以上、ブックマン社）、『公立小中高から東大に入る本』（幻冬舎）、『大人のための勉強法』（ＰＨＰ新書）、『受験は要領』『受験は要領　テクニック編』（以上、ＰＨＰ文庫）など。

和田秀樹ホームページ　www.hidekiwada.com

わが子を東大に入れる本

平成16年８月１日　第１刷発行

著　者／和田秀樹

発行者／村松邦彦
発行所／株式会社主婦の友社
〒101-8911 東京都千代田区神田駿河台2-9
☎（編集）03-5280-7537
☎（販売）03-5280-7551

印刷所／中央精版印刷株式会社

もし、落丁、乱丁、その他不良の品がありましたら、おとりかえいたします。お買い求めの書店か、主婦の友社資材刊行課（☎03-5280-7590）へお申し出ください。

ISBN4-07-243010-2